历史的深处

二战日军中国慰安妇影像实录

陈庆港 著

中国摄影出版社
五洲传播出版社

序

真诚面对历史，真实拥有未来

慰安妇是一个沉重的话题。在汉语中，原本并不存在“慰安妇”这个词，它是日本语中特有的名词，日本最权威的日语辞典《广辞苑》解释说：“慰安妇是随军到战地部队慰问官兵的女人。”显然，这是一个有意回避实质问题的模糊解释。事实上，学者们给出的定义是：慰安妇是第二次世界大战期间，被迫为日本军人提供性服务、充当性奴隶的妇女，是日本军队专属的性奴隶。慰安妇制度是第二次世界大战前和战时，日本政府及其军队强迫各国妇女充当日军性奴隶的制度。

二战期间究竟有多少慰安妇？由于日军在战败时销毁了大量档案，目前已经很难准确统计。一些研究人员根据现有资料，推断慰安妇的总人数在40万人以上，大部分来自中国、朝鲜半岛、日本本土，还有一些来自琉球、东南亚、荷兰等地。其中，中国慰安妇人数最多，至少有20万中国妇女先后被迫成为日军的性奴隶。

20万！这个数字意味着，中国，是日军慰安妇制度的最大受害国。这段浸染着20万中国女性血泪的历史，这段沉痛得叫人几近不忍触碰的历史，一面充斥着令人发指的野蛮、残暴、血腥，另一面则伤痕累累，刻满了恐惧、绝望、屈辱、痛苦、愤怒……

由于种种原因，很多受害者对于过去的经历讳莫如深，终其一生也不曾向人提及。而随着她们年事日高、相继离世，这段历史便很有可能会永远地沉默下去。幸而，20 世纪 90 年代以来，国内对慰安妇问题的调查和研究不断展开并深入，抢救性地搜集了很多珍贵的资料。陈庆港先生的著作《历史的深处——二战日军中国慰安妇影像实录》，是其中重要的成果之一。

陈庆港先生的职业身份是一名记者。在长达十多年的时间里，他辗转全国多个省市，大海捞针一样寻找幸存下来的慰安妇，请她们站出来讲述那段历史，并用镜头记录下她们的生存现状。对于历史真相的探求，正是对公正、正义、人性的一种自觉担当。我想，这也是陈庆港先生的作品《中国慰安妇》能够获得第一届国际新闻摄影比赛金奖的深层原因所在。

今天，日本对亚洲发动的侵略战争已过去了大半个世纪，我们也即将迎来反法西斯战争胜利 70 周年。对于那一场战争，国际社会早有定论，但是，作为曾给亚洲邻国造成巨大灾难的加害国日本，非但未有深刻反思历史，反而频频妄图篡改、粉饰其战争罪行。以慰安妇问题为例，时至今日，在种种确凿的证据面前，日本政府面对慰安妇的起诉，仍旧抵赖、否认，企图掩盖这一罪恶事实，日本右翼分子更是对数十万各国慰安妇横加污蔑，大放厥词。

“历史是最好的教科书，也是最好的清醒剂。”只有真诚面对历史，才能真实拥有未来。还历史以事实本来面目，这既是对历史本身的尊重，更是为了提醒后来者，不要忘却曾经的创伤，不要让历史的悲剧再度重演。捍卫历史真相，就是捍卫和平！

高洪（中国社会科学院日本研究所副所长）

2014 年 8 月

前言（一）

在时间与时间之间

自与第一位愿意接受我采访的“慰安妇”老人见面至今，斗转星移，时间已过去了十多年。在这十多年里，虽然世间万物都在发生变化，却也仍有一些事一如既往，比如日本政府对待慰安妇问题的蛮横态度，以及“慰安妇”们的苦苦期待就是这样。

开始于十多年前的这次采访，对于我来说至今都没有结束。就在最近这几年里，我就又认识了多位“慰安妇”老人（她们的勇气，以及为历史作证的精神令人感动，其中有些人的事迹已添进本书中）。我想，在今后的数年里，我们或许仍将会看到继续有老人蹒跚着站出来，但更多的我们将会看到这些老人一个接一个的匆匆离我们而去。

在我采访过的老人中，已有多位悄然离去，而她们最后的诉说已成指控暴行的铁证。雷桂英，2007 年 4 月 25 日逝于江苏南京；周粉英，2008 年 7 月 6 日逝于江苏如皋；尹玉林，2012 年 10 月 6 日逝于山西阳曲；郭喜翠，2013 年 7 月 23 日逝于山西盂县；万爱花，2013 年 9 月 4 日逝于山西太原；林亚金，2013 年 10 月 17 日逝于海南保亭；李秀梅，2014 年 4 月 18 日逝于山西盂县……

天堂定有正义，愿她们在那里得以安息。

本书在对受害人的称谓上仍使用“慰安妇”一词。2012 年 7 月，美国国务卿希拉里·克林顿指示美国所有文件和声明禁用按日语直译的“慰安妇”一词，将其改为“被强迫的性奴”，以此要求日本正视“二战”期间的性暴行。此后，韩国政府也表示考虑采用类似称呼取代“慰安妇”，接着有中国学者也郑重提出“慰安妇”的称呼是从日本军人角度而言的，应将日军在侵华战争中强征的中国、朝鲜等国“慰安妇”改称为“性奴隶”。强征“慰安妇”是日本军国主义在“二战”期间犯下的严重罪行，对此国际上早有定论。但至今日本政客仍然屡在其对外侵略战争和“慰安妇”等问题上大放厥词。

就像没有人再会认为731报告中的“马路大”是原木一样，相信今天也不会再有人去从日本军人的角度去理解“慰安妇”一词（1941年10月18日，东条英机在接受了美国记者约瑟·道格拉斯的采访时说“女人是一种战略物资，并且是对战争胜利不可或缺的、具有独特营养的战略物资”。即便是从日本军人的角度去理解，他们也并没有将慰安妇当人看待，在他们眼里慰安妇只是“特别军需品”），而保留“慰安妇”一词的使用，有其历史意义。或者说“慰安妇”一词本身就代表那段不容更改的历史，就是对日军野蛮行径的最有力控诉。

历史只要不被掩盖，它就不会被误解。

陈庆港，2014年春

前言（二）
那年花开

一

在幽冷清寂的墓地里，它们肆意地开放着，却又怕冷似的，一朵一朵紧挨在一起，连成一片，覆盖着坟茔和坟茔之间的荒地。如一片红色的云，又像漫流的血，一种令人不寒而栗的美丽。

彼岸花。传说它是生长在黄泉路上的唯一的植物，冥界唯一的花，唯一的色彩。它的花香有魔力，能引导人的灵魂，能唤醒死者对于生前的记忆。因常被种植在墓地，因此它也被称作“死人花”或者“幽灵花”、“地狱花”。

这是被诅咒过的花。因为它的传说？又或许只是因为它的美丽。它就像我要找的那个女人，那个静静地躺在黄土下的，曾经无比美丽的女子。我走入花丛，抚触着它。同行人说，这花有毒，并警告我摸花的手不可沾唇。指尖滑过它们的面庞，很柔，也很凉。一丛丛的彼岸花，仿佛她们。在那个灰暗冰冷的季节里，她们开放。最冷酷的春天，花儿，也会开放。

光阴是一条渡不过的河流，而她们曾是那个寒冷季节里最美丽的花，就站在时光的彼岸。我看到，在彼岸，她们，在刚刚绽放的刹那，在最最美丽的时分，纷纷凋零，然后，被流逝的黑暗时光带向不知处的远方……

二

60多年前，13岁的侯二毛会是什么样？看着那些笑着从身旁忽闪而过的女孩，我总忍不住要去这样想。走在山路上，也总觉得她就刚刚挎着篮子，低着头，从我的身边羞怯地走过。恍惚中总能看到她就坐在溪边，洗衣、洗自己那一头乌黑的长发。而抬头远望时，又看见她正在对面的山坡上，放羊，唱着那支最最婉转的歌谣……

就这样，侯二毛的影子时时出现在我眼前，挥之不去。就像所有的山村女孩一样，她穿着土布红袄，扎着又长又粗的辫子，辫梢上插着花，一朵刚刚绽放的、鲜艳欲滴的山花。她爱花，就像所有的山村女孩一样，爱花。

又是花开的季节。山路两边的草丛里，峭崖上，开遍了花。此时，我已遥望不见60多年前的那个花季里，侯二毛粗黑的辫子上插的是哪种花？红的凌霄、黄的棣棠，还是白的玉兰？此时，我只知道，在那个花开的季节里，13岁的侯二毛，辫子上插着花的侯二毛，就是从这条山路上，从这条两旁开满了山花的小路上，和许多少女一起，被日本兵掳进了兵营。

那朵跌落在山路上的小花，是侯二毛辫子上插过的最后一朵花。

在日军据点里，13岁的侯二毛每天都在遭受许多日本兵的折磨和侮辱。四个月后，13岁的侯二毛已被糟蹋得不行了，如一朵枯蔫的花。

父亲变卖了家中所有的财产，还借了债，把快要咽气的女儿从日本兵的手里赎了回来。这时，13岁的侯二毛，如一朵枯蔫的花般的侯二毛，肚子里已经怀了日本兵的孩子。

为了打下女儿肚里的孩子，家人用木杠在她肚子上擀，赶驴拽着她在山路上颠……他们想尽了所有法子，可侯二毛肚子里的孩子就是不下来。

13 岁的侯二毛痛苦得死去活来。

母亲不想看着女儿被折磨死，就问乡亲：能不能等孩子生下后再作处置？乡亲们都说：无论如何不可让这孽种得见天日！

后来，请来了一位老医生。老医生将一剂烈药灌进了侯二毛的肚里。

据说，孩子在侯二毛的肚子里挣扎了两天两夜，侯二毛也在炕上挣扎了两天两夜。第三天，侯二毛肚子里的孩子不再挣扎了，侯二毛也不再挣扎了。

孩子终于死在了侯二毛的肚子里。侯二毛也终于死在了被她搊塌的土炕上。

村里人又请来一位铁匠。铁匠用一天的时间，打了三根铁钉，三根七寸长的铁钉。三根七寸长的铁钉，一根一根被钉进了侯二毛的肚里。人们一边钉着，一边咒着：小鬼子永世不得再生！

三

这是一个真实的故事。

我想找到侯二毛的坟。村里也还有她的亲人。他们带着我，寻遍了村边的沟沟壑壑。60 多年过去了，谁都已经说不清究竟哪一撮土里埋葬着侯二毛 13 岁的冤魂。

那段日子里，我总是夜夜在梦中，被砸向那铁钉的锤声惊醒。于是常常望着漆黑的夜空，整夜整夜无法入眠。就想：她还是个孩子，家里稀少的口粮应该还无法将她喂养丰盈，她的身子一定很单薄，皮肤稚嫩，骨头也不坚硬，尖锐的铁钉轻易就能穿透她的腹部，可为什么那锤声仍是那么沉重？虽经 60 多年时空的消音，仍是那么扰人？

那锤声，也像一根长长的铁钉，一点一点穿透我的心。很疼。

当年关押侯二毛的窑洞还在。一把锈迹斑斑的锁，锁着洞门，也锁着那段黑暗的历史，锁着那段黑暗历史里太多不为人知的秘密，以及那段黑暗历史里太多已为人知的恐惧。

院子里长满荒草，也储满阳光。这阳光是否也曾照耀在侯二毛的身上？如果60多年前这里也有过阳光，那么这阳光一定会让她感到刀割般的疼，冰霜一样的冷。枣树上挂满了枣，鲜红鲜红的枣，无人采摘，落在树下的荒草间。这鲜红鲜红的枣，让人觉得那段历史并没走开，就在眼前。

那些施暴的日本兵，那些还活着的当年施暴的日本兵，如今也该都是满头白发的老人，也该都是有了自己的儿孙，在他们的生命同样行将走向终点的今天，在他们每每和儿孙尽享天伦的时分，我不知他们是否还会偶尔想到这个小院子，想到院子里这棵结满了枣的树，还有那个13岁的中国女人？

四

钉入侯二毛身体的铁钉，辛酸而又无奈地表达了乡亲们对日本侵略者的痛恨。可侯二毛那枚屈辱与仇恨的长钉，该钉向哪里？

其实每一个和侯二毛有着相似命运的“慰安妇”，死去的，或活着的，她们又有谁的身体里没有被钉入过这长长的“铁钉”？死去的或许已不再疼，而活着的，每时每刻仍疼得难忍。

五

就在铁钉钉入侯二毛身体的那个秋天，在与她相隔数千里之外的中国南方，另一位名叫杨阿布的姑娘，也正在经历着一场几乎相同的苦难。在遭受日本兵的多次凌辱后，杨阿布怀孕了。怀着身孕的杨阿布东躲西逃，最后不得不藏进深山。在原始的山林里，杨阿布把孩子生了出来。为了逃避日军的再次凌辱，杨阿布继续在深山里野人般偷偷地活着。她是当地最漂亮的姑娘。日本兵找不到她，就对甲长说：如果不把杨阿布送到据点来，就杀掉村里的所有人。为了保住全村人的性命，甲长只好带着村里人到深山里将杨阿布找了回来。全村人哭着把她交给了日本兵……

但她活了下来。活了下来，这不知是她的幸运，还是她的更大的不幸。从此，一场噩梦开始凶残地吞噬她的余生……

60多年后的一个夏日，在一场无边无际的风雨中，在离埋葬侯二毛的那片黄土数千公里的一个偏僻村庄里，我见到了杨阿布。

她就活在那个处处留着她梦魇般可怕记忆的阴湿村庄里，活在那间昏暗的四壁挂着发霉雨迹的小屋里，活在小屋里的那张铺着椰树叶，同时也铺满屈辱的老床上，活在60多年前的某一天里……

瘫痪在床的杨阿布，手中握着一把刀。刀刃异常锋利，但她仍在不停地磨着。吃饭的时候，她握着这把刀。睡着的时候，她握着这把刀。这些年里，她一直都握着这把刀，谁也不能把它拿开。她说，夜夜都梦到日本兵来抓自己，没有刀，不敢睡着！椰林仍是那片椰林。小路仍是那条小路。茂密的椰树掩映着弯曲的小路，60多年来，时光从这里走远，60多年来，时光又从未从这里走远。对于杨阿布来说，一切就在昨天，或者就在今天。

六

直至今天，我依然无法说出这是怎样的一次寻找，是对已然远逝的历史的某个鲜为人知的细节的擦拭？还是对正在行进的仍然无法终结的一份现实苦难的注目？从阳光明媚的海南、云南，到水叠山重的湖北、湖南，从冰雪凛冽的山西、河北，再到风和日丽的浙江、江苏、上海……当我站在昏暗而又破败的慰安所遗址中，当我一步步迈进当年日军精心营造的坚固而又阴森的炮楼里，我仍然能听得到她们当年凄惨的哭喊……

一次次将那些生动的名字去对应一撮撮冰冷的泥土，一次次去撩开掩藏于内心最最深处的黑暗记忆，我慢慢去将寻找到的历史碎片一点点拼合。岁月虽然没能抹去那场劫难所有的印痕，时间却削弱了那场劫难所应有的太多残酷的色彩。

三亚椰树掩映的海滨大道旁，当年日军的碉堡仍然据守在那片白色的沙滩，但它不再令人畏惧，反而成为一道奇异的“风景”。不时有游人跑到碉堡前留影，他们笑着，摆出各种开心的姿势。灰色的碉堡后面，是鳞次栉比的三亚新城，就在三亚，还有海口，还有崖城，当年日军慰安所的遗址，已悄然消失在一群群楼房的地基下。

耳边有海风吹拂椰林时的轻叹，还有海浪抚摸沙滩时的低吟。碉堡上黑洞洞的射击孔，沉默地盯着阳光下的每一个人。

没有太多炎热和灼痛的感受，那个漫长的夏季，给我的只有沉重而又阴晦的潮湿、水漉漉的潮湿、苦涩的泪水般的潮湿。这种湿漉漉的感受一直延续到秋天，甚至一直延续到冬季，还有这个春天……

七

日本《广辞苑》对“慰安妇”一词解释为：“随军到战地安慰官兵的女人”。

那是怎样的一种“安慰”？那又是怎样的一种“女人”？

“慰安妇”是第二次世界大战期间日本军队专属的性奴隶。慰安妇制度是第二次世界大战期间，日本政府及其军队强迫各国妇女充当日军性奴隶的制度。在这一制度下，日本政府和军部直接策划，各地日军具体执行实施，他们有组织、有计划地将大量中国、朝鲜，以及东南亚和欧美各国妇女强行征招到其占领地区普遍设立的合法强奸中心——慰安所，供给日军使用。

日军在亚洲最早设立的慰安所可以追溯到1931年，日本海军在上海指定“大一沙龙”等4家日本娱乐场所为慰安所。此后，日军诱骗大量朝鲜妇女到中国（满洲）充当性奴隶。1932年1月，日本海军陆战队指定虹口的一些日本妓院作为海军慰安所。同年3月，日本上海派遣军副参谋长冈村宁次要求长崎县知事征集妓女组织慰安妇团，到上海设立慰安所。至1932年12月，在上海的日军海军慰安所已达17家。

1937年，日本侵略战争全面爆发后，日军在军队中有计划地配备性奴隶。同年冬，侵华日军的许多部队掳掠中国当地妇女充当慰安妇，同时日本华中派遣军也决定建立慰安所，要求日本关西妓业协同征集慰安妇。

1938年春，一批日侨经营的慰安所在上海江湾镇出现，同期日军在南京、扬州、杭州、厦门、九江、芜湖、武汉、张家口等地设立大量慰安所。4月16日，日军驻南京各部与领事馆举行联席会议，专门研究慰安所问题。5月28日，日陆军省的教育总监颁布《战时服务提要》，要求“军队慰安所的卫生设施必须完备”。7月中旬，日军在汉口开设30家慰安所，慰安妇达300人左右。12月，日军开始在台中强征妇女去华南充当慰安妇……

经过多年经营，日军在中国各占领地都设立了慰安所。据有关专家调查，当年仅上海一地的日军慰安所就达 83 家，海南岛 62 家，南京、武汉的慰安所也分别有 60 多家。日军在中国占领地的慰安所数以万计。随着日军在东南亚侵略战争的进行，日军在菲律宾、新加坡、马来西亚、印度尼西亚等地也建立了大量军队慰安所。

由于日军在战败时大量销毁档案，目前要准确计算出慰安妇的总量已很难，但尽管如此，一些研究人员仍依据现有的资料，对慰安妇的数量作了推断：

在亚洲日本的殖民地、占领区和本土，慰安妇的总数在 40 万人以上。

至少有 20 万中国妇女先后被迫成为日军的性奴隶。日军慰安所遍及中国 20 多个省。中国是日军慰安妇制度的最大受害国。

人们普遍认为：日军与慰安妇之间的关系，是数千年人类文明史上找不到第二例的男性对女性，尤其是对敌国及殖民地女性集体奴役、摧残的现象。慰安妇制度是日本军国主义违反人道、违反两性伦理、违反战争常规的制度化了的政府犯罪行为。

日本实施的慰安妇制度是 20 世纪人类历史中最丑陋、最肮脏、最黑暗的一页，也是世界文明进程中最耻辱的一段记忆。

八

当年那些被迫成为侵华日军性奴隶的中国妇女，一部分在战争结束前就已悲惨死去，而幸存下来的，其中大部分人又在漫长的 60 多年动荡时光中相继离世，今天仍然活着的为数很少。由于种种原因，这些受害人大多数至死都没有向人说出过自己的那段历史。

追思历史，不是要让人们永远活在仇恨的边缘。一个健康而成熟的文明，仇恨始终都不应成为人们思维的中心。50多年前，参加东京审判的中国大法官梅汝敖先生说，我不是复仇主义者，我无意于把日本帝国主义者欠下我们的血债写在日本人民账上，但是，我相信，忘记过去的苦难可能导致未来的灾祸。

我在这里记录了几十位老人讲述的她们当年被迫成为日军“慰安妇”的经历，以及她们因为那段经历而遭改变了的人生。这几十位老人，其实也是日军侵华期间所有慰安妇的一个缩影，她们的苦难，实际上也是我们这个民族的苦难。而慰安妇代表的，也正是我们这个民族近代史上最苦难最血泪的一页。那段历史是留在每一个中国人记忆深处的一道伤痕。

九

“他们（日本政府）什么时候能向我认错？我能等到那一天吗？”在讲述自己的苦难后，在用干枯的双手擦拭过眼角的泪水后，几乎所有的老人都会这样问。我不知道怎样回答她们。我也无法知道她们能否等到那一天。但我相信一定会有那一天。在我写这短文时，又有电话来说，一位老人永远离开了我们。

又是彼岸花开时。

生命会有彼岸吗？

陈庆港，2004年春

目　录

第1章

乌牙峒少女

昨夜，一场风暴挟裹着大量雨水肆虐了整个海岛，直到天色渐亮时才安静下来。一夜无眠。清晨，推开窗户，轻风带着海潮的咸湿气息扑面而来，黑云密布的天空已被打扫得干干净净，蓝得让人心情无法平静。太阳正从海面上慢慢升起。天翻地覆后的风平浪静里，阳光如一双无形的巨手，抚慰着大海。刚刚还在狂怒的海水，此时像在摇篮里安睡的婴儿。

阳光下，一切都是那样的新鲜，光灿灿的。

走出旅馆，睡意蒙眬地坐在街头吃着早饭。人们在门前悠闲地喝茶，或者赤着脚，拖着长长的身影慵懒地穿过小街。昨夜的那场风暴似乎从未发生，已杳无痕迹。

在这个滨海的长满了椰树的南方小镇上，此刻我有一种莫名的幸福感。这一瞬间，我怀疑所有的苦难。小镇宁静安详得令人觉得不真实。

小镇上的这条公路，到达不了乌牙峒。将车在路尽头停好后，司机告诉我，要去乌牙峒得用两腿走进去。通往乌牙峒的路变成了一条只能容下一人穿行的小道。昨夜的那场暴风雨，让小道上的坑坑洼洼里积满了水。泥土红得像是被染过一样。向导对我说，这条小道是进乌牙峒的唯一一条通道，由于偏僻，这么多年来乌牙峒几乎没有发生变化，60多年前日本人

陈亚扁站在当年日军军部的遗址上。这是她 60 多年来第一次重新回到这里，虽然这里距离她现在的住处很近很近。

进乌牙峒时，走的也就是这条道。

由于我走得太慢，向导不时地停下脚步来等我。红土里夹杂着大量的石屑与沙粒，小道并不泥泞。安静得令人感觉有些虚幻。那凄厉的哭诉声，又开始在我耳边萦绕，它似乎是从椰林的深处，或者小道的尽头飘忽传来……渐渐的，透过小道两边密密的椰树间隙，隐约可见搭建在椰林间的草屋。那里也有人正在透过树隙悄悄地打量着我们。向导轻轻对我说，到了，这就是乌牙峒。1940 年 9 月，日本侵略军占领了位于海南岛东南部的乌牙峒，日军在乌牙峒建立据点后，就立即在这里设立了慰安所。当时仅仅 4000 多人口的乌牙峒，竟有 20 多名少女被抓去充当了慰安妇。这些慰安妇中，年龄最小的才 13 岁，最大的也只是 18 岁。我来乌牙峒寻找的这位老人，就是当年这些慰安妇中的一个幸存者，她被日军抓走那年，15 岁。

此时，椰林深处的乌牙峒，同样沐浴在昨夜那场暴风雨后的宁静安详里。

有村里人主动朝着我们走过来，询问我们的来意，并为我们带路。在一排低矮的草屋前，领着我们进村的人就喊："阿婆啊！阿婆！"这时从草屋侧旁的那间椰树叶搭成的猪舍里，有位老人探出头来。她朝着我们的方向望了望，然后移开拦在猪舍门前的栅栏，佝偻着身子走出来。我看不清她的脸，她一直在额前手搭凉棚。正午的阳光很厉害。这位阿婆就是我要找的陈亚扁。阿婆把我们领进堂屋。屋里有些暗，有些潮湿。堂屋里只有一张木板床，床上铺着光洁的篾席。阿婆请我坐到床沿上，然后自己就赶忙转身进了房间。不一会出来时，她一边用手扣着纽扣，一边用另一只手抹着头发。阿婆换上了一件干净的衣裳。她坐在我对面的那张小矮凳上。同行的人用本地话告诉她，我是从很远的地方来，看她。老人便点头，朝着说话的人，也朝着我，然后就盯我看，似乎在期待着我和她说些什么。

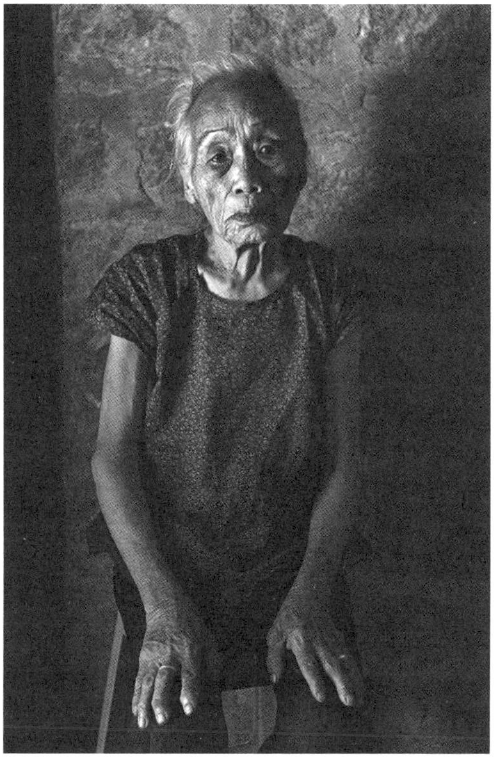

陈亚扁。出生于 1927 年 12 月，海南省陵水县人。1942 年春被日军抓进军营，遭蹂躏，3 个月后被押往崖县藤桥慰安所，成为慰安妇，直至 1945 年 8 月日军投降。

事实上第一次在亚扁阿婆家，我什么也没有问她。我和老人面对面地坐着，这时她 17 岁的孙女来看她。阿婆就转身拉过孙女的手，让她在自己的身边坐下。她们亲密而又平静地说了一会儿话，然后阿婆就又转过脸看着我，她那 17 岁的孙女也看着我。我原本早已准备好的问题，一下竟不知该怎么说。刚刚阿婆和孙女亲密的场景，让我决定放弃和她进行与那段历史相关的任何谈话，我更愿意就那样一直看着她和孙女聊天的样子。她们刚刚说了些什么？我听不明白，但我能感觉得出它无关痛苦，也无关屈辱，那时她们的脸上洋溢着幸福。就在阿婆和孙女说话时，我一直想：被日本兵抓走的那年，阿婆应该是和孙女差不多的年纪；阿婆少女时的模样，一定也和孙女一样的漂亮；在看着孙女时，阿婆是不是会想起少女时的自己？孙女是否知道阿婆所经历过的那些往事？知道了阿婆所经历的那些往事，孙女是否能理解、是否能感受得到阿婆的痛苦？……

第二次去亚扁阿婆家，是在几天之后。老人仍请我坐到那张铺着光洁篾席的硬板床上，她也还仍是坐在我对面的那张小矮凳上。但这次老人没有看着我，而是拿过放在墙边的那个用塑料可乐瓶改造成的水烟筒，她颤抖着双手小心翼翼地往烟窝里填好烟丝，然后将烟筒堵在嘴上。她划着了一根火柴，一边用火苗在烟窝燎着，一边深深地吸进一口烟。当烟筒被从嘴上拿下时，她的口中吐出一缕长长的白烟，白烟如乱丝，缠绕住她的脸。

“孩子，我就是你要找的那个慰安妇。你问吧。”

透过渐渐散开的烟雾，阿婆这样和我说。见我还是愣在那，她就再次深深吸了口烟，然后又叹息般地慢慢吐出。并没有等我开口问，她便开始了自己的辛酸叙述。

1927 年 12 月 16 日清晨，一个女婴呱呱坠地时的啼哭，打破了乌牙峒的宁静，村里人纷纷朝传出婴儿哭声的草屋围拢过来。这草屋里住的是乌牙峒甲长一家，甲长精明能干，为人正直，办事公道，乡亲们都很尊敬他。甲长抱着刚刚降生的婴儿从草屋里走出来时，人们发现女婴浑身红润，脑袋扁平，样子非常可爱，于是就都不约而同地叫着“亚扁、亚扁”。“亚扁”在当地语中是美丽非凡的意思，于是父亲就决定将“亚扁”作为自己女儿的名字。“亚扁”不仅仅是一个父亲对女儿长大后拥有美丽容颜的期盼，它更是一个父亲对女儿能够拥有一个美好人生的祈望。

亚扁有着一个非常幸福的家，母亲美丽贤淑，勤劳善良，她还有一个哥哥和一个姐姐，他们都很疼爱她。家里虽然不是很富有，但一家人吃得饱穿得暖，生活得很快乐。

亚扁是在全家人的宠爱中无忧无虑地度过了自己童年的。

陈亚扁房间里的床。

1942年，亚扁长到了15岁。这年乌牙峒的春天，和往年一样，在不知不觉中到来。门前屋后的椰树并没有什么明显的变化，只是由于一场接一场的雨，让这个春天似乎比以往任何一个春天都要更冷些……

陈亚扁：

那是一个中午，我正在家里织筒裙。当时嫂子也在家，她刚过门；还有姐姐，当时姐姐还没有出嫁。嫂子和姐姐在舂米，就在我的边上。

我们三个人边干活边说着话。

日本兵一头闯了进来，端着枪。我们姑嫂三人被吓得一下子扔了手里的活，不知怎么办好。

他们先把屋里翻了一遍，然后叽里咕噜地讲了一阵日本话，眼睛就这样在我们姑嫂三人身上来回扫。

我们三人挨在一起，浑身发抖。

最后，日本兵就把眼睛停在了我身上，有两个就过来把我和姐姐、嫂子分开，把她俩先赶到了屋外。他们用刺刀把我身上系的连着纺车的缠带割了，然后把我拖过来调戏，拼命在我身上乱抓乱捏……最后我的衣服、裙子都被剥光了，他们把我按在地上……

亚扁阿婆瞥了眼门外。此时，也正是中午，门外的阳光晃得人睁不开眼睛。

老人撩起衣襟擦了下眼角。

陈亚扁：

……疼得撕心裂肺的，我就拼命喊。无论怎么喊他们也不管，边奸边牲口般地叫。直到我大出血，死过去了才罢休。从那以后，日本兵就经常来我家，有时候抓我去营房，有时候拖到寨子外，有时候就在马背上，糟蹋你。你不让他们满意了，就打你。有一天，几个日本兵又来到了我们家。到了我们家，就要我跟他们走。我只好跟他们走。他们把我带到营房。他们在营房把我糟蹋完，这次就干脆把我关在了营房，不让我回家。当时被关在营房的不止我一个，还有同村的陈亚妹，她那年17岁，是个很漂亮的姑娘。我们被关在两间木房子里，日本兵日夜看守着，不准我们走出营房一步。一到晚上，他们就往我们屋里跑。我和陈亚妹每晚一个人至少要陪两个日本兵，有时候三五个，多的时候七八个也有。

那时候，还不断有其他姑娘被抓进来，一共大约有20多个人。白天，这些姑娘给日本兵洗衣、煮饭、种菜、砍柴；晚上，她们就要给日本兵唱歌跳舞，为他们挑水洗澡擦身子，最后还要陪他们睡觉。

我和陈亚妹，日本兵不要我俩干粗活，白天我俩在院子里为他们做饭用的大米挑挑砂子、收拾收拾房间，夜里给他们玩，有时白天也逃不掉。3个月后，砧板营日军把我押送到了崖县藤桥慰安所。藤桥慰安所在砧板营100多里外的地方。在藤桥慰安所，他们把我关在一座木楼上，房间像个木头盒子。我的楼下还关着另外的姑娘，白天晚上，我都能听到她们的哭叫声，也听到日本兵的笑声。我和这些姑娘一样，时时受日本兵欺负。晚上，人来人往整夜不断，遇到轮奸时少的两三个，多的四五个，他们强迫你做各种动作，一起把你弄得死去活来的。

他们不把你当人看待，想怎么干就怎么干……

当时，因为我年纪小，不来月经，所以来糟蹋我的日本兵从没断过。

在藤桥慰安所的日子，我整天哭，求他们放我回家。

后来，父亲通过在砧板营当日伪自警团长的亲戚陈仕连担保，我才从藤桥慰安所又被押回到离家近些的砧板营兵营。

当年日军修建的砧板营军营，就在乌牙峒村的边上。砧板营日军军营遗址离陈亚扁老人现在居住的房屋很近，只有不到1000米的距离。但自从1945年从那里走出后，亚扁阿婆就再也没有去过那里，平时她甚至都不愿意朝着那个方向望一眼。但今天，亚扁阿婆决定要领着我再次走进那里。

第一次被带进日军砧板营军营的记忆，亚扁阿婆永远无法忘却：那天，15岁的少女亚扁被几个日本兵用枪押着，走出家门，她油黑乌亮的长发盘在头顶，上身穿着自己织自己染的蓝布褂，下身穿着同样是自己织自己染的夹花筒裙。就像所有乌牙峒姑娘一样，心灵手巧的亚扁将衣服做得极其合体，包裹着她青春的婀娜身姿。她沿着通向村口的那条小道，穿过了村里的那片椰树林，一路上她都没有回头看，她怕看见深爱着自己的家人痛苦万分的表情，她也怕家人看见自己满脸的泪和浑身颤栗着的恐惧……

在椰林中，一块长满了齐腰深杂草的空地上，亚扁阿婆找到了当年砧板营日军军营遗址。几面断壁与数根屋柱参差着露出草丛，像一具巨兽凋零的骸骨。亚扁阿婆仍能清晰地回忆出当年日军营房里的每一处建筑，以及一些建筑里的许多细节。和第一次走进这里时一样，阿婆的头发仍盘在头上，只是它不再油黑乌亮，而是苍白如霜；阿婆也依然穿着自做的蓝布褂和夹花筒裙，只是它包裹着的已不再是青春的婀娜身躯，而是饱经屈辱的佝偻病体……

拨开杂草，隐隐约约仍能看到当年日军用石块铺成的地面。站在一块石板上，亚扁阿婆环顾着四周，突然她用脚跺着地面说，就在这，就在这，然后她蹲下身子，掩面哭泣起来……

陈亚扁：

本来以为从藤桥慰安所回到了砧板营，这下就能经常看到家里人，没有想到到了砧板营，他们又把我关进了营区的一间房子里，我还是见不到家里人。衣裙破了要添换，家人给我送衣服来，也不许见面，只能通过看守递进来。砧板营军营离乌牙峒仅一里远，村里鸡啼狗叫我都能听见……

从不满15岁开始，到18岁，我被他们关在藤桥慰安所和砧板营军营三年多时间。直到1945年8月15日日本人投降，我才出来，回到了家里。

回到村里，村里人都叫我“日本婆”、“日本妓”，他们像恨日本人一样恨我、骂我，我只好到山里躲起来。

在山里的那段日子，我过着野人一样的生活。

解放后，人民政府把我从山里找回来，还分给了我土地。

1957年12月，30岁的亚扁嫁给了一个叫卓亚黑的原国民党士兵。据说卓亚黑很丑，因为一直娶不到媳妇，所以只好就要了亚扁。但婚后仅一年，卓亚黑就去世了。3年后，陈亚扁又和退役老兵卓开春结了婚。

陈亚扁前后曾经怀过9个孩子，但因当年在慰安所的经历曾使她的身体受到深深的伤害，致使前8个孩子不是流产，就是早产，有的甚至胎死腹中，都没能活下来。当时，为了能保住一个孩子，亚扁和丈夫四处寻医求药，几乎跑遍了整个海南岛。后来经过长期治疗，1964年亚扁终于诞下一个健康的女儿。亚扁阿婆的女儿名叫卓梅英。

亚扁的第二任丈夫卓开春于1996年病故。

亚扁阿婆目前一个人生活。

由于有过慰安妇的经历，亚扁阿婆一直感到愧对亲人。

（本章采访于2002年）

第2章

假 坟

人们就这样悠闲地聚在树荫下，嚼着槟榔，谈着话。见到我时，每个人都热情地和我打着招呼，他们还对我说，到海南就该来这样的地方玩，这里看到的、听到的、喝到的，才是原汁原味的海南。

所有的人都以为我是一个漫无目的的、正在自由自在旅行的游客。

鲜花、椰林、草地，轻风、白云、蓝天，清新的空气、明澈的泉水，还有阳光里金色的沙丘、芭蕉丛中别具风情的房舍……一个美妙的旅行目的地所应具备的所有元素，这里几乎都有。然而，我并不是那个漫无目的、自由自在的游客，甚至面对如此美丽的所在，我的内心还会时常感到不安。那样暗无天日的故事会是发生在这里吗？

我责问自己为什么不是一个游客？我开始怀疑自己所做的事，是否已很不合时宜？

然而我似乎已无法改变自己。

1941年，日本侵略军占领了这片美丽的土地——海南陵水县田仔乡架马村，从此这里的人们结束了世世代代延续着的世外桃源般的安宁生活。

当年，有一支琼崖游击队经常在田仔乡一带活动，日军为了控制、消灭游击队，计划开通一条从三亚藤桥至陵水田仔的公路，他们称之为“陆田大道”。为了修“陆田大道”，日军四处抓劳工。他们见一个村寨，便包围一个村寨，不让一个人逃掉，然后挨家挨户搜查抓人。沿路两边数十里范围内的村寨，都被日军搜查了一遍，村寨里的男人全被抓去当了劳工，而年轻的妇女则被抓去服另一种更加凄惨的劳役——充当他们的性奴隶。

“陆田大道”修建好后，日军战略上更加机动，行动起来进退自如。然而利用“陆田大道”来扼制，甚至消灭游击队的企图却没有奏效，公路的修建反而刺激了这一带的游击队有了更主动更积极的反击。这令日军非常恼火，于是他们就把对游击队的愤怒发泄到老百姓的身上，他们通过这条公路更加频繁地进入到路两旁的村寨，对村寨里的老百姓大发兽性。

1943年12月23日，一伙日本兵闯进了和合村，他们在村里烧、杀、掳、夺了之后，就把从村中选出来的10个年轻姑娘拉到了村边的一片荔枝树荫下。日本兵用刺刀逼着这10个年轻姑娘脱下身上的衣服，然后就把她们按在地上，从小到大一个一个轮流强奸。

10个女子中，当时年龄最小的是一个刚满14岁的小女孩，她叫韦好盈。日本兵见韦好盈长得白白净净，身材又苗条，就首先来轮奸她。娇小的韦好盈被四个日本兵牢牢地按倒在地上，然后一个日本兵便迫不及待地扑上去对她进行奸污。韦好盈还是个孩子，她不断挣扎……施暴时，一个日本兵完了退下去，另一个提着裤子又接上来，他们都来不及去擦净她身上的血。因为疼痛，韦好盈就大声哭喊，小姑娘十个指头在地上抠出了两个深坑。五个日本兵把韦好盈轮奸完后，小姑娘直挺挺地躺在地上，下身大出血。日本兵烦她的哭声败坏兴致，于是就用刺刀把她捅死。死后韦好盈的十个指头还深深扎在土里。

第二个遭轮奸的是15岁的韦敬园。由于早熟，15岁的韦敬园有一对非常好看的乳房。因为遭受轮奸时，韦敬园用牙齿咬了一个日本兵的嘴唇，于是日本兵接二连三地把她轮奸完后，就用刺刀一刀一刀地把她两个乳房割了下来，然后挂到刺刀刀尖上。被割掉乳房的韦敬园，疼得在地上打滚，成了个血人。韦敬园一直在地上挣扎了半个多时辰，日本兵才用刺刀把她戳死。

10个女子中，年龄最大的是18岁的韦月英，日本兵最后一个轮奸她。轮奸时，四个日本兵每人分别按住她的一只手或者一只脚，一个日本兵在上面强奸，这个日本兵强奸完了再换上另一个。等5个日本兵都强奸了，

坐在房间里陷入冥想中的黄有良。黄有良，1927 年出生，海南陵水县人。15 岁起，屡遭日军强暴。1942 年被日军抓进藤桥兵营，被迫充当慰安妇达 4 年之久。

他们就又用刺刀朝韦月英的身上刺，连刺四刀。由于韦月英拼命扭身躲避，日军并没有刺到她的要害处。韦月英躺在地上屏住呼吸装死，日本兵见她已经血肉模糊一动不动，以为她真的死了，就各自穿好衣服，然后用枪挑上从村里抢来的东西，有说有笑地走了。

因为失血太多，加上剧烈的疼痛，在日本兵走后不久，韦月英就昏迷了过去。一直到了黄昏，韦月英才从昏迷中醒过来。她慢慢睁开眼睛，眼前的一切使她不敢确定自己到底是活着，还是已经到了地狱。荔枝树下，都被血水染红了，密密麻麻的苍蝇叮在她的伤口和其他 9 位姐妹赤裸的尸体上。当时是 12 月，树上不停地会有枯叶落下来，树叶掉到尸体上时，成群的苍蝇便“嗡”地一声飞起来，然后又很快地再次聚拢回来。韦月英不敢看眼前的一切，她重又闭上了眼睛。

很久以后，当韦月英确信自己是真的还活着时，她便使尽全身的力气，爬进不远处的草丛里。一丝不挂的韦月英就这样躺在草丛里，豁开的伤口还在向外流血。她发现自己身边的草丛里长着许多“飞机草”（音）。平时村里人身体上有了外伤，都会来采这种草，把它的叶子捣烂后敷在伤口上，伤口很快就会止血止痛。这是一种极其古老的疗伤手段，就和村里所有的人一样，韦月英很小的时候就已经知道。于是她就伸手去采身边草丛里的“飞机草”，采来后放在嘴里嚼，嚼烂了吐出敷在自己的伤口上。

韦月英在草丛里躺了两天一夜，她有时清醒，有时又处于长长的昏迷中。直到第二天傍晚，她迷迷糊糊中听到有呼叫声。当分辨出这是自己的家人在呼叫自己时，她这才敢大声呻吟起来。原来当在村子里疯狂肆虐的日本兵离开以后，村里人便到村外来找被日本兵掳走的 10 个姑娘。人们在一片荔枝树下发现了其他 9 个姑娘的尸体，却不知道韦月英去了哪里。于是全村人一边埋葬死去的姑娘们，一边开始四处寻找韦月英。最后人们循着韦月英的呻吟声，终于在草丛里找到了她。

韦月英已于几年前离开人世，而她当年遭受的不幸与另外 9 个姑娘的惨死，如今已成和合村人的集体记忆。

由于田仔乡一带游击队活动频繁，这给日军造成了很大的心理压力。日本兵不断地制造恐惧，正是因为他们自己恐惧。恐惧使他们彻底丧失了人性，完全变成了野兽。

“陆田大道”修好后不久，在田仔乡架马村附近约40米的地方，日军设立了据点，美丽的架马村从那时起开始变成了一座地狱。

黄有良的所有苦难也就是从那时开始的。

黄有良：

那天是农历十月初五。那年我刚15岁。早上，我挑着稻笼，往村外的水田走。忽然听到喊声，抬头一看，就见不远处站着一队日本兵。

我扔下稻笼，拔腿就往山里跑。10多个日本兵跟在我后边喊着叫着追过来，看追不上我，他们就分开来围我。最后，实在跑不动了，我就被他们抓住了。

一个日本人叽里瓜啦地对我说话。我大口喘着气，当时脑袋发胀，什么也没听进去。一个日本兵上来就一把把我抱住，在我脸上乱亲。其他日本兵看了就都冲了上来，一群饿狼似地，在我浑身上下乱摸乱捏，最后还剥了我的衣服和裙子……

我实在受不了啦，就抓住捏我乳房的那只手，狠狠咬了一口。被咬的这个日本兵“哇”地一声大叫，其他日本兵也就都松开了手。看到自己的手上流出了血，被咬的日本兵就拔出军刀，举起来朝着我的头就要往下劈。我吓得用手抱住头，哭了起来。这时，一个军官模样的日本人朝着那个日本兵吼了一声，那个日本兵就乖乖放下刀退到了一旁。我被刚才的那个日本兵吓呆了。那个军官模样的看了看我光着的身子，又朝那些士兵叽里咕噜地叫了一阵，然后他手一挥，那些日本兵就都走开了。等当兵的都走开了，这个军官就过来搂我，还亲我。我不想让他搂，不想让他亲，就推开了他，又拼命跑。这次他们没有追过来。我光着身子蹲在草丛里躲了一阵，见没有动静，以为没事了，才从草丛里钻出来，回到田里穿好衣服，挑起稻笼继续朝家走去。谁知那个军官就悄悄跟在我身后，一直跟到了我家里。到了家里，他就将我拦住，然后一把抱紧，拖进屋，把我按在床上撕裙子……

黄有良停住讲述。在一阵长时间的沉默后，她发出了一声长长的叹息。

黄有良：

下午，我把事情的经过告诉了妈妈。我们母女俩抱在一起哭了一场。我妈妈双目失明，不能做什么事情。当时我们一家三口人，主要靠父亲一人干活维持生计。那天晚上，因为害怕日本兵再来，我就躲到邻居家住。那一夜，我哭了一个通宵。第二天，那个军官模样的果然又带着几个日本兵来了。军官进了我家，到卧房找不到我，就逼我爸我妈把我交出来。我爸我妈说什么也不肯把我交给他们。他们就折磨我爸我妈，命令我爸我妈手脚着地，学着牛的样子在地上爬。我爸我妈还是不说我在哪里，日本兵就对他们拳打脚踢。我爸我妈被打得昏倒在地上。我当时躲在别人家里，听说我爸我妈被日本兵打昏过去了，就再也躲不下去了，只好回家。见我回来了，那个军官就把我拖到卧房里，脱得赤条条的，先在我浑身上下到处乱摸，最后就把我放到床上强奸……那个军官叫"九壮"。"九壮"他们以后夜夜来我家。为了不让我爸我妈再被打，我只好任凭他们糟蹋。1942 年 4 月，一天"九壮"带了几个日本兵开着卡车又来到我家。这次他们把我押上了卡车。卡车把我拉到了藤桥，然后我就在那里当起了慰安妇。

黄有良和我坐在屋檐下谈话时，她的丈夫就一直都在不远处的井边忙碌着杂事。黄有良讲到这，她的目光突然就失神地停在了井边的方向。丈夫走过来，他将一条用井水浸过的毛巾递给了黄有良。黄有良用灰白色的毛巾把眼角擦了擦。

黄有良：

和我一起被抓来的妇女都关在一个大房间里，比我们先抓来的妇女被关在另一个房间里。房间里有床、有被、有席子、有蚊帐，门口有哨兵。哨兵不准我们随便走动。白天，勤务兵安排我们做杂工，扫地、洗衣服，夜间要我们陪日本兵睡觉。

我的一个同伴，叫陈有红，几名日本兵要一起轮奸她，她死也不从，就遭了毒打。最后她还是被几个日本兵轮奸了。日本兵把她弄得子宫破裂，血止不住，哗哗流，两天后就死了。还有一位姑娘，抓来的当夜就被几个日本兵轮奸，她受不了了，就咬断了舌头。

走在暮色中的黄有良。

慰安所里，日子很难熬。当时想过许多办法，想逃出去，但日军看守得很严，逃不出去。有个姐妹曾趁着天黑在出门方便时逃了，结果被发现，又抓了回来。日本兵把她吊起来打得死去活来，还让我们去看。

以后，我们就不敢再有逃走的念头了。

为了让这些性奴能够乖乖地更好地为自己服务，日军对她们实行了严厉的管制。据一些老人回忆，当年许多慰安所都有不少各种各样令人发指的规定，如：

服务不能令官兵满意的，鞭打；

在服务时哭泣的、不按官兵要求去做的，鞭打；

身体有病的，隔离或者处死；

有逃跑想法和行为的，鞭打、断食，情况严重的处死。

黄有良和所有被抓来的姑娘，在日军的压迫下痛苦不堪，度日如年。

黄有良：

1944 年 6 月的一天，我们村里的村民黄文昌来到了藤桥日军营部找我。见到乡亲，我心里既高兴又难过。开始由于旁边站着日本兵，我们谁都不敢说话。等日本兵走了，黄文昌才悄悄地对我说："你父亲死了，快回家吧！"

一听父亲死了，我就忍不住号啕大哭起来。黄文昌就对我说去找日军军官，求他们放你回家给父亲送葬吧。我就哭着去找他们，起初日军军官不同意，我和黄文昌就跪在地上向他们哀求。最后他们终于同意了，我就跟着黄文昌回家。

傍晚的时候，黄文昌带着我从藤桥出发，一路抄小道走，半夜才到了家。一进家门，就看见父亲好好的在家里，他没有死。父亲见我回来，就搂过我抱头痛哭。原来这是父亲和黄文昌为了帮我从日本人手里逃出来用的一计。鸡叫头遍的时候，父亲和黄文昌拿着锄头粪箕，悄悄地在村边的荒坡上堆了一个假坟。然后，我们一家就连夜逃到外乡了。

据说，黄有良和家人逃走后不久，日本兵曾经到村里来抓过她。村里人对日本兵说因为父亲死了她太伤心，黄姑娘也自杀了。日本兵查看了那座假坟后，就信以为真，便回藤桥去了。

1945 年，日军投降后，黄有良和家人又回到了家乡。1956 年，黄有良和架马村一丧妻农民结婚。黄有良现在和丈夫、丈夫的孩子生活在一起，生活窘迫。

（本章采访于 2002 年）

第 3 章

最漂亮的姑娘

带进山的食物早就吃完了。最近一次偷偷回家取食物大概是在十天前，杨阿布已记不清自己究竟在山里生活了多少个日子。雨还在下，她缩在用芭蕉叶和椰树干搭成的茅寮里瑟瑟发抖。雨水顺着芭蕉叶的缝隙流下来，湿透了她的衣裳。这几天，孩子一直都在肚子里不停地挣扎，他让杨阿布有点紧张，她不清楚这究竟是怎样的一种情况，此时她很想有家人在身旁。

杨阿布藏在山里是为了躲过日本兵的追捕，而更可怕的是她肚里怀着的孩子也正是日本兵的孩子，如果这让日本兵知道了，那他们抓住她时一定会毫不犹豫地杀死她。

杨阿布还是个没有出嫁的姑娘，她是在遭到了日本兵的多次强奸后怀上孩子的。杨阿布想等孩子出世后，再悄悄地下山回家。而现在离孩子的出世，还有将近一个月的时间。茅寮的周围，能吃的东西都已经被她找来吃光了。一想到自己将在这野山中一个人生孩子，杨阿布就非常害怕，她不知道自己到时该如何来应对。杨阿布终于忍不住要去找东西吃的欲望，她一手托着自己圆鼓鼓的肚子，一手撑着地面，慢慢地站起身。这时外面的雨似乎变得小了点。杨阿布腆着大肚子，顶着一片芭蕉叶，往山林的更深处去寻找可以充饥的东西，直到她走不动了为止。除采到几棵蘑菇外，她没有找到其他能吃的东西。在回茅寮的路上，清澈的山泉，从岩石的缝隙里哗啦啦地朝着山涧流淌。杨阿布决定在回茅寮前，就用泉水来填饱自己的辘辘饥肠。

泉边的石头上长满了一层薄薄的绿茸茸的青苔。脚下滑极了，杨阿布伸展开双臂，小心翼翼地平衡着身体，慢慢朝着泉水靠近，就在她抬起一只脚从这块石头上往另一块石头上跨时，她的身体猛地一晃，重重地跌进了山涧中。

肚子刀绞般的痛，她看到血从自己的两腿间流出来，和着雨水一起淌。杨阿布不知道该怎么办才好。她就忍着痛，坐在那块石头上一动也不敢动。她觉得自己的下身有东西往外挤。她慢慢躺在了那块被冰冷泉水浸透的滑溜溜的石头上……肚子里的东西出来了。杨阿布抬起头，再一点点地将双肘撑在身后，她在自己的两腿之间，看到了一个沾满了血迹的紫色的泥偶似的东西在扭动……她知道，这就是孩子，就是那个在自己肚子里折磨了

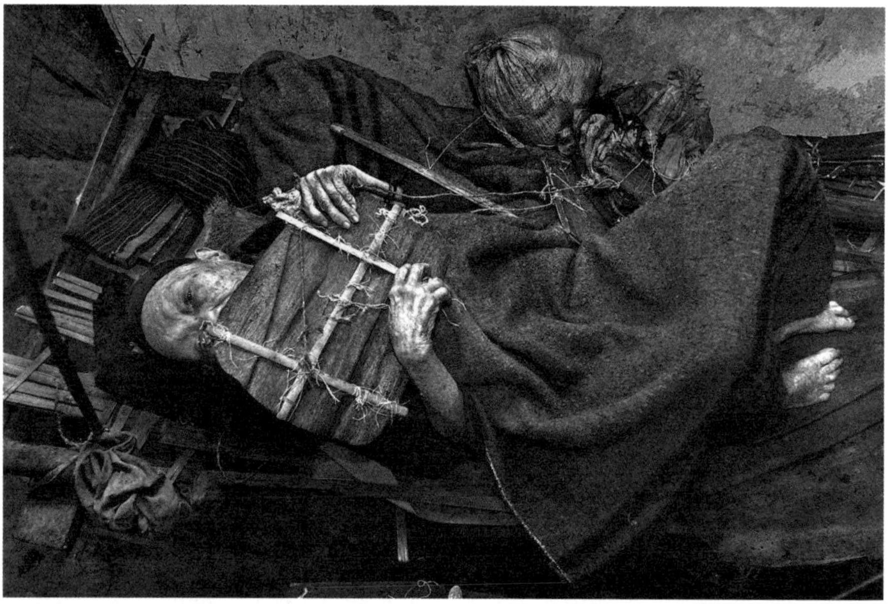

躺在床上的杨阿布。杨阿布，1922 年出生，海南保亭县保城人。1940 年春起遭日军多次强奸并怀孕，1941 年 10 月生下一男婴，后夭折。1942 年成为慰安妇，1945 年日军投降后回家。杨阿布的身体因遭受过严重摧残，一直有病。

自己 9 个月的孽种，也就是因为他，自己在深山里藏着，过着人不人鬼不鬼的日子……

她伸出手，把孩子从自己的两腿之间抓了起来，仔细地看了又看后，最终将他贴在了胸口。他小小的身体淋满了雨水，没有一点温度。

在用牙咬断脐带后，她又脱下自己身上的褂子，把他包裹住，然后紧紧搂在怀中。她说不出此时自己心里升腾着的是一种什么样的情绪，就像刚刚走出了一场噩梦般轻松，就像终于了断了一份孽缘般爽快。她曾经无数次地想咒死肚子里的这个东西，也曾尝试过各种方法想把他驱离自己的身体，然而就在当他被自己揽入怀里的这一刻，所有的怨恨、憎恶，开始变得模糊，渐渐失去了边界……她用手指轻轻地触摸着他的满是皱纹的脸。

血从杨阿布的身体里还在不停地向外流着，像一条红色的溪流，和雨水汇集在一起，流入山涧。

回家。她要回家。现在自己可以回家了。现在自己必须要回家了。

她那被雨水湿透的长长的厚密的黑发，披在她赤裸的背上。她抱着孩子，跌跌撞撞着爬出山涧，然后向着山下，向着山下的家中出发。

她的身后有一条血的溪流……

面色煞白的杨阿布深夜才回到家。当她敲开了家门，便一头倒在了为她开门的妈妈怀里。

第二天，杨阿布被家人转移到了邻村的亲戚家静养，而她生下的孩子，在她转移后，被家人掩埋在了离家不远的一片椰树林中。

有人说杨阿布刚刚到家，孩子就断了气。也有人说，孩子一出生时便已死去。

这是 62 年前的事。

那时，杨阿布是村里最漂亮的姑娘。

现在，杨阿布就坐在我身边的那张床上，她的目光穿过窗子，看着窗外那片茂密的椰树林。谁也不知道，窗外的椰树林里，究竟埋藏着她多少往事。

家人都去干活了，小屋里只剩下杨阿布和我两个人。屋外下着雨，屋里弥漫着一股浓重的霉变腐烂的味道。

在盯着窗外的椰树林看了很长很长一段时间后，杨阿布终于把目光移向了我。就像刚刚看着窗外的椰树林一样，她一动不动地看着我。她的眼睛里盛满了太多我无法抗御的忧郁，令我不敢与她直视。我朝窗外的那片椰树林望去。

我再次转过头来与她对视，是因为她发出了高声嚷嚷。

当我转过脸来，她突然地就将双手伸向我，或者说是伸向她眼前的空中，她的双手就这样不停地在那挥舞着、抓着，嘴里发出我听不明白的声音。

开始的时候，我不知道到底发生了什么事情，在这间黑暗而又充满着霉味的窄小房间里，她的行为，让我非常紧张，甚至毛骨悚然。但渐渐地，我发现她这似乎是在向我描述一件极其恐怖的事情。

家人回来后，我立刻向他们报告这件事情。

杨阿布的儿子听了我的讲述，并没有吃惊。他平淡地说妈妈那是在向你讲述她的梦境，她是在告诉你梦里有许多日本兵来抓她。她对家里的所有人都讲过这个梦。这个梦她已经做了几十年了。

杨阿布的儿子还告诉我，因为害怕这个梦，她一直不敢闭眼睛，不敢睡觉。后来，干脆就要求儿子给她一把刀。没有办法，儿子就只好就给了她一把刀。

每天晚上睡觉之前，杨阿布都要使劲地磨这把刀。

只有手里握着锋利的刀，杨阿布才敢睡着。

我和杨阿布的谈话，要经过她的儿子来翻译。这很麻烦，也有些残忍。由于耳聋，杨阿布说话的声音很大，而我的每句问话，也都要通过她的儿子的大声叫喊来转达给她，这情景看上去像是他们母子俩在吵架。

杨阿布断断续续的讲述，以及不时突然久久的沉默，使得这次谈话充满了曲折，并且特别的漫长。

在日本人的飞机轰炸海南保亭县城后的第二年春天，大批的日军就占领了整个保亭县。这时，保亭县的许多人家外出逃难，而杨阿布的家人和其他一些没来得及跑的人家，就只好留下来当了“顺民”。

日军侵占保亭县城后，立刻在各处建立了据点，驻扎上了部队。

杨阿布：

巡逻队骑着马进了村，当时我在家里和邻居家的一个妹子在织布。

巡逻队进村后，骑着马乱闯。有两个日本兵就闯进了我家，看见家里只有我们两个姑娘，一个日本兵就抓住邻居家的小妹，把她拉出去了。另一个日本

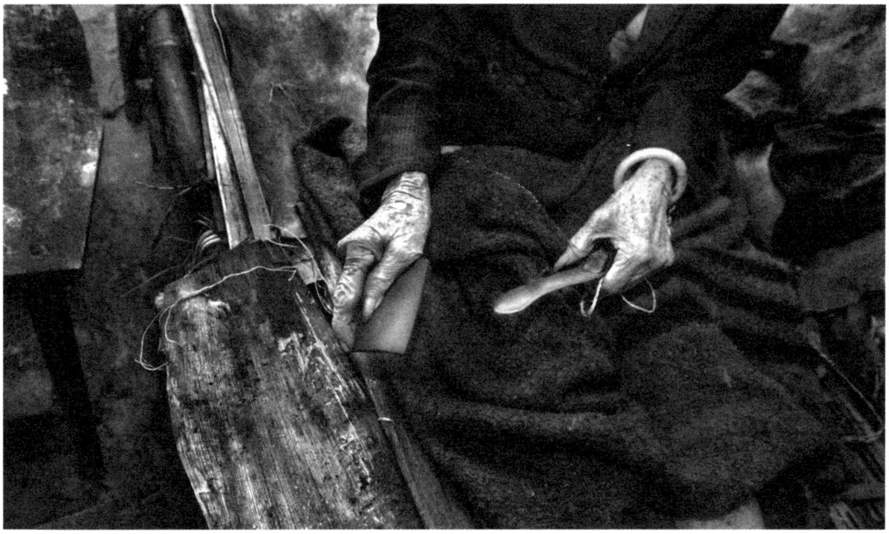

杨阿布在床上放着一把刀，还有一块磨刀石，每天入睡前，她都要反复磨上很长时间的刀，然后握着刀睡去。她说每天晚上都有日本兵来追她，没有刀，她害怕。

人是翻译，就把我抱住。我拼命挣脱了他，往外跑。翻译在我后面追着不放，追到村边时，他捡了一块石头朝着我砸过来，石头正好砸中我的腰。我痛得跑不动了，他就把我抓住，拖到村边的山坡上。

这是我第一次被日本人强奸。

几天以后，家里没有粮食吃了，我去毛弄村姑妈家讨玉米。从姑妈家拿着几斤玉米往家里走，谁知道在田边又遇上了巡逻队那几个骑兵。强奸过我的那个翻译也在里面。翻译认出了我，就下马拦住了我的去路，不让我走，硬把我抱到田边空地上，又一次强奸了我。

第二天，我在地里挖番薯。快到中午时，突然又来了一队骑兵。有一个日本兵从背后抱住我，把我拖到村前小河边的树丛里。光天化日下，他们一起把我强奸了。

一次，村里一个姑娘要出嫁，她是我的好朋友，请我去。因为我会唱歌，村里女孩子出嫁都喜欢请我去。婚礼结束后我回家，路过县维持会时，遇上了几个日本兵，他们把我拉到维持会的一间小房子里，轮奸了我。当时维持会长知道这事，但他也不敢出声。

多次被糟蹋，那时我总觉得身体不好受，浑身酸软。后来，我发觉自己怀孕了，就挺着大肚子东跑西藏，有时藏进山寮里，一住就是好多天，带的东西吃完了，就找山上能吃的东西吃，实在坚持不下去了，才偷偷溜回家。有时也到远亲家藏一段时间。

1941 年 10 月，小孩出生，是个男孩。

在山里生的。

生下后就死了。

后来我家搬到什东村居住。什东村甲长是族里大哥，叫杨老浪。杨老浪胆小怕事。日军见我长得漂亮，就来找我，几次下村找不到，就命令甲长杨老浪把我亲自送到扎奈。他们威胁说如果不把我送去，就要杀掉村里的人。杨老浪害怕了，只好把我找回来，带到扎奈，交给日军。

村里人也难过，但他们没办法。

在扎奈劳工队，日常劳动是插秧、耕地、锄草，还有收割。扎奈的日军不让我回家，不管白天还是晚上，他们想什么时候来检查就什么时候来检查，三五成群的，只要他们看中的姑娘都逃不过。像我一样遭罪的姑娘还有好几位，有个姑娘被拉去几次，不久就想法逃跑了。我不能跑，我怕我跑了村里人会遭殃，就只好忍下去。我被他们糟蹋的时间最长，次数也最多。

在扎奈，起初是几个常见到的日本兵找我，时间长了，脸孔常常变换。但不管脸孔是什么样子的，他们做坏事时都是一样。

每次吃“预防丸”，他们都要看我吃完了才走开。有时家人请保长甲长求情，日军才允许我回家探望一下父母，不过时间不能长，很短。

被糟蹋厉害了，身子坏了。几十年吃药不少，总也不好，也不能生养。

1945 年秋，日军投降，杨阿布得以回到家中。后嫁到什曼村。现在，杨阿布和丈夫与养子一家住在一起，她的日常生活由丈夫照顾。至今，每天晚上杨阿布都必须握着那把明晃晃的刀才敢睡觉。

（本章采访于 2002 年）

第 4 章

一次失败的逃亡

1942 年的那个秋天，对于当年生活在山西盂县众多村镇里的年轻女性来说，是段噩梦般的日月。

和许多年轻女性一样，在那个秋天里，西潘乡高庄村 21 岁年轻漂亮的媳妇侯冬娥被日军用绳子捆住双手，驮在驴背上拉进了进圭据点。

侯冬娥是西烟镇双表村人，17 岁那年她嫁到了盂县西潘乡高庄村，因为是当地出了名的漂亮媳妇，所以十里八村无人不知，她也是十里八村年轻后生们乐此不疲的话题。有关侯冬娥美貌的传闻，很快也传到了日本人的耳朵里。

一天，日军进圭据点外号叫“红脸”的队长伊藤，带领一队人马来到了高庄村。这次来，伊藤队长就是专门向村里的伪村长郭孟娃要女人的，并且指名道姓地要侯冬娥。郭孟娃非常清楚日本鬼子的德行，他知道小媳妇侯冬娥一旦落到这帮畜生手里，就别想再活着回村了。

村长郭孟娃先把日军稳在自己家中，他借口到村里探探风，就出了家门。

郭孟娃出了家门就急忙找了位村民，他让这村民赶快到侯冬娥家报信，告诉侯冬娥鬼子来抓她，赶紧找地方藏。

等侯冬娥藏好了，郭孟娃这才回家，然后他就带着日军去抓人。郭孟娃领着日本人在村里村外整整转悠了一天，也没能找到侯冬娥。

最后，日本人终于看出是郭孟娃对他们耍了心眼，于是伊藤队长大怒，他命令手下的士兵将郭孟娃的女儿捆起来，并让翻译告诉郭孟娃说："只有把侯冬娥找出来，才能放了你的女儿。"

郭孟娃只好去找侯冬娥。这时他也不知道侯冬娥到底藏到了哪里。郭孟娃找遍了村里的角角落落，但也没能把侯冬娥找到。没办法，郭孟娃只能回去再向伊藤队长求饶。还在离家很远时，郭孟娃就听到了自己女儿的哭声。他急忙加快脚步往家跑。一进家门，郭孟娃只见自己的女儿衣衫不整，泪流满面地在哭，而伊藤队长则坐在一旁抽着烟，旁边的几个小鬼子，正在穿裤子。

郭孟娃明白自己的女儿已经被小鬼子糟蹋了，一下子他昏倒在地上。

没有找到侯冬娥，伊藤队长并不罢休。几天之后，他们再次来到了高庄村。

这次日军明显是有备而来，他们快速地包围住了侯冬娥的藏身之地。躲在邻居李大娘家地窖里的侯冬娥被几个日本兵拖了出来。

侯冬娥是两个孩子的母亲，她 4 岁的儿子见妈妈被日本兵抓住，就哭喊着往她怀里扑，而日本兵则用刺刀把他拨开，还用枪托拍了他的脑袋。日本兵把侯冬娥往村外拉，到了村口，他们就把侯冬娥捆绑住，然后扔在一头黑骡子背上，朝着进圭据点驮去。

侯冬娥 4 岁的儿子跟在那头黑骡子后面拼命地跑。

当时，侯冬娥还有一个出生才 40 天的女儿，在她被抓走后不久，女儿就被饿死了。

驮着侯冬娥的黑骡子路过李庄村时，另一队日军正好从李庄村里出来，他们的队伍里有一头驴，侯冬娥看到这头驴的背上也驮着个被捆绑着的女人，一名伪军和一名日军分别走在驴的两侧看押着。

这个从李庄被日军抓来的女人，名叫李秀梅。当天日军到李家时，李秀梅的父亲李海生不在家，家里只有母亲和她两个人。李秀梅见日本兵闯进家门，被吓得急忙躲到了母亲的身后。母亲浑身发抖着不停地给日本兵说着好话，日军翻译对她说："太君要顶好的花姑娘。"然后一把将躲在她身后的李秀梅拉了出来。几个日本兵一哄而上，拖着李秀梅就出了家门。母亲哭喊着跟出来，但刚刚到门口就被日军打倒在地上。

李秀梅是母亲唯一的女儿，她和母亲一直相依为命。听见母亲在身后哭喊，李秀梅死活也不肯走，拼命地转身喊妈妈。日军只好用麻绳将李秀梅捆住，再用毛巾将她的嘴堵上，然后把她撂在了毛驴背上驮着走。

押着侯冬娥和押着李秀梅的两队日军，在李庄村汇合到了一起，他们一路回了进圭据点。

也就是从 1942 年秋天的李庄村村口这儿开始，李秀梅和侯冬娥这两个陌生的年轻中国女人的命运有了关联，从此她们成了患难与共的至交，有了胜过亲姐妹般的直到生命终点都没有淡漠的亲情。

李秀梅和侯冬娥被一起押进了进圭村，又被一起关到一处被日军强占了的老乡家的宅院里。

当天晚上，侯冬娥被送进了伊藤队长的房间。由于当晚宋庄一带有抗日游击队活动，伊藤得到情报后，只得带着一队人马匆匆赶往宋庄去，侯冬娥被锁在他的房间里。直到天快拂晓时，伊藤才回到房间，对侯冬娥施暴。

而当晚，李秀梅则被拖进了炮楼里，立刻她就遭到了众多日本兵的强暴。

李秀梅：

第二天，我和侯冬娥被送到一个大房间里，当时大房间里已经关着十来个女人，这里有进圭村的万祥梅，羊泉村的陈林桃、万爱花，李庄村的张二妮，东头村的张小妮，还有均才村的张林桃……

屋子不大，是一栋 4 间大的木结构瓦房，里面有两盘土炕，炕有七尺长、六尺宽，每盘炕有一张苇席，堆着一些破被子、破毡片、破麻袋，这些都是日本鬼子从老百姓家中抢来的，我们抱着这些东西遮挡身体。

我和侯冬娥被关进这间屋子没一会儿，就有几个兵冲进来，他们先站在地下，看着炕上被吓得直抖的一个个女人，等找准了自己喜欢的，就扑上来……

李秀梅说她当时不敢睁开眼睛，因为一睁开眼睛就看见压在自己身上的日军的脸，就看见边上同时正在被糟蹋的其他姐妹们。一个日军强奸完，

李秀梅（右）中年时的照片。李秀梅 1926 年出生，山西盂县西烟镇人，15 岁时被日军抓去充当慰安妇，因不堪忍受长期的性虐待而反抗，被日军殴打致残，后被家人赎回。

刚要起身，另一个日军又挤了过来，她想躲，但又被拉了过去，再次被强暴。

侯冬娥因为漂亮，第一天的时候日军排着队，一个挨一个对侯冬娥施暴，一直快到中午的时候才算结束。结束的时侯冬娥已经不能坐起来，她就趴在炕上，一个下午过去了，她没有和人说一句话。

李秀梅：

晚饭以后，出去扫荡的日军回到了据点，听说有漂亮的花姑娘，他们就都往我们住的房子里跑。屋子里没有灯，黑得厉害。听见日本兵的脚步声，我们都吓得浑身发抖，拼命往一起挤。日本兵进屋后，拿着手电筒往我们脸上照，我们就乱作一团。他们嚷着叫着，然后开始强奸。

遇到有调防的日本兵路过炮楼时，人会增加很多，那就更糟糕了。

李秀梅和侯冬娥，以及被关押在进圭炮楼这间大屋里的十几位妇女，她们几乎是昼夜不停地在遭受日军蹂躏，最多时一个妇女一天内被强奸四五十次。屋内空气污浊，妇女们流出的血，染红了床铺。不少被掳妇女很快在性暴力摧残中患病，有的甚至被虐至死。

有一位刚满 13 岁的少女胡壮娥，在日本兵的轮奸之下昏死了过去，日本兵就把一个1尺多长的萝卜从她的阴道塞进去，她当场死亡。还有一位小姑娘，叫侯巧良。侯巧良的父亲是抗日村长，日本兵包围了她的家，抓她父亲时也一同把她抓到了进圭据点。当时侯巧良刚满13岁，身子骨不大，看上去还是一个孩子，但鬼子没有放过她。每到晚上，小姑娘就害怕得要命。同屋有个叫侯润香的大嫂，就把侯巧良抱到怀里，躲到大炕的角落，让其他女人躺到大炕的边沿上，她们用这种方法来保护这个还不懂事的孩子。但是日本鬼子每次都会从躲在角落的侯润香大嫂的怀里，把侯巧良拖出来，然后一个接一个地压在侯巧良小小的身体上……

白天，日本鬼子还会把侯巧良拉到维持会的大院子里，逼侯巧良给他们跳舞。小姑娘不会跳舞，鬼子又逼她做各种下流的动作。一个多月以后，侯巧良全身浮肿，不能站立，不能走路，上厕所的时候只能爬着去。家里人找人说情，并卖掉家里的地，再向亲戚借债，凑足了钱后，才从日本鬼子的手里赎回了侯巧良。

当年和李秀梅一同被关押在这间大屋里的十几位妇女，每个人都有无数辛酸的故事，侯冬娥就是她们中颇具传奇色彩的一个。

李秀梅：

侯冬娥同村的李四英通过几位串通好的伪军，让侯冬娥吞食了事先带进据点的大烟。炮楼里的伪军李四英悄悄把大烟捎到侯冬娥手里，侯冬娥就把这些大烟全吞下了。吞下大烟不久侯冬娥就不行了，先是嘴里吐沫子，浑身抽，后来就不省人事了。李四英就去报告日军，日本人过来一看，以为她已经断气了，让把她抬走。侯冬娥被人用箩筐抬到村口的大路上，李四英急忙帮助她吐出大烟，侯冬娥就又活了过来。村里的人把她接回了家里。

侯冬娥从据点回到家里时，公公卧床不起，婆婆两眼瞎了，小女儿没有奶水喂给活活饿死了，丈夫参加队伍去啦，没了音讯。由于被日军折磨得厉害，侯冬娥的身子下面一直不停流血，村里人就用细沙筛成个沙土堆让她整天坐在上面止血。好心的邻居也经常接济她。当时就是她几岁的儿子拉着瞎眼的婆婆为她四处求医抓药。

经过医治，侯冬娥的身体渐渐得到了恢复。到了春季，侯冬娥又开始能到地里耕种了。这时，一家四口就全靠她养活。

侯冬娥还活着的消息，不久日本人也知道了。1943年六月十三（农历）那天，侯冬娥早上起来，刚打开房门，就看到守在门口的2个日军和3个汉奸。侯冬娥又被抓进了进圭据点。

走的时候儿子还没有醒，她都没能和家里人说上一句话。

侯冬娥再次被抓进了据点，同其他姐妹一起，她日夜遭受日军的摧残。

当时，战事正紧，日军白天出去扫荡，晚上很晚才回据点。平时，她们吃的都是日军的剩饭，日军不在据点时她们连饭也吃不上。

由于实在忍受不了，侯冬娥和姐妹们开始商量着逃跑。

一天晚上，她们趁哨兵打瞌睡时，用一截事先准备好的铁丝挖开了门锁。她们手拉着手，一个紧挨着一个悄悄地溜出了门。她们贴着院墙根慢慢地挪动，等爬过了院门，转到院墙的外面了，就都站起身，弓腰快速地跑了起来。这些女人都是小脚，再加上天黑，根本看不清路，所以她们中立刻就有许多人摔倒。在黑暗中，她们又重新一个一个地把手拉到了一起，然后摸索着往前走。就在她们磕磕绊绊地朝村外逃时，迎面过来了一队扫荡回来的日军……

李秀梅：

当晚，他们握着军刀逼我们一个个把衣服脱光，用刀在每个人的肚皮上来回地荡，做划口子的动作，我们被吓得不敢睁眼。

第二天，一个叫木板的小队长把我们全部拉到院子里站成一队。他们用枪托砸我们小脚，我们一个个疼得坐在地上。他们又用大皮鞋挨个踩我们的脚，我们有的疼得昏过去，有的就求饶。他们却哈哈大笑，还是不肯罢休。

从此以后，她们只能光着身子，被禁闭在房间里。每次日军进来，先把她们身上裹的被子、麻袋等掀掉，他们就这样观赏着十几个赤裸裸的女人，等观赏够了，再开始强暴。

山西盂县风坡山炮台。风坡山炮台位于盂县城北27公里的上社镇上社村北的风坡山顶。此据点是由中心炮台和西、南两个炮台及东部的一处掩体工事组成，连接各个部分的是交通壕。从山脚沿山脊向上爬，首先到达的是南炮台。该炮台和西炮台顶部已被炸毁，现只残留部分基座，交通壕残缺不全，但基本面貌仍然保留。保存最好的是中心炮台，中心炮台内部呈不规则形状，共九面墙，一门两窗三个射击孔，内有战斗区与生活区之分。炮台为砖混结构，墙体厚达73厘米。

李秀梅：

后来侯冬娥被糟蹋得连床也起不来了。接下来的几个月里，侯冬娥下身又开始大量出血。日军看她病得不行，就通知她家里人把她赎回去。

侯冬娥回到家，因为出血不止，土炕上也不能铺什么东西，连苇席都掀掉了，她就在炕上培起的沙土堆里又坐了40多天。

两个月之后，侯冬娥才能挣扎着下地。

在以后的两年时间里，侯冬娥先后埋葬了死去的公公、婆婆，她拉扯着儿子苦度日月。

战争结束后，出去参加队伍的丈夫回到了家里，但不久就和她离了婚。

后来，侯冬娥又重新找了男人。侯冬娥这时已失去了生育能力，男人就抱养了一个孩子。侯冬娥用羊奶把养子养大。在养子8岁的时候，侯冬娥的男人又去世了。

李秀梅：

丈夫嫌弃她，她只得改嫁。一连改嫁两次，最后侯冬娥不得不嫁给村里最丑的一个男人，这个男人是村里一直找不到女人的光棍。

侯冬娥于1994年4月离开人世。在她快离开人世时，李秀梅曾经去看望她。她们共同经历的那一段特殊的日月，让她们间有了胜似亲人的情感。

当年和李秀梅、侯冬娥关在同一间屋里的姐妹中，张小妮在侯冬娥离世的同年9月去世，万祥梅、陈林桃、张二妮也都相继在那一年前后去世，她们大多没有留下任何关于自己当年那段经历的讲述，只有张小妮在知道自己将不久于人世时，曾向亲人讲述过自己当年被日军抓去关押在据点的情况。

当年张小妮的家在西烟镇东头村，离进圭据点只有一公里，日军对东头村了如指掌，村里女人的情况日军更是很清楚。当时年仅17岁的张小妮是全村公认的好姑娘。日军也知道，他们曾几次想把张小妮抓进据点，但每次张小妮都躲了过去。后来进圭据点的日军就命令东头村的伪村长严密监视张小妮，一发现张小妮的行踪，马上报告。这样，张小妮很快就落入了日军的手里……

张小妮：

在外婆家躲了好多日子，因为想家，我就由表哥陪着回到了东头村。到家刚刚吃了晚饭，家里的大门就被踢开了，两个伪军领着四个鬼子进了家门。这个时候，我们一家人正坐在炕上叙话，我坐在炕的中间。一个鬼子用手电筒把我的脸照定，另外两个鬼子过来把我两条胳膊扭住，其余的人把我的家人推到一边。扭住我胳膊的两个鬼子把我就势推倒在炕上，剥衣服，他们三下五除二就把我的衣服剥光了，旁边一个大个子的鬼子手忙脚乱地解开了裤腰带……

在场的母亲、哥哥、表哥看着这情形，惊得都像木头人一样……等他们清醒过来了，眼前的情况已经不能再看了。家人叫着要救，但鬼子的刺刀就抵在他们胸口上。家人被鬼子用刺刀抵着赶出了院门。

四个鬼子在家里轮奸我，两个伪军看着院门，不让家人进来。鬼子又叫着、又笑着，“花姑娘！”“花姑娘！”

四个鬼子心满意足后，才押着我回据点交人。我是小脚，再加上刚刚被轮奸，小肚子疼得像是锥子在挖，全身没有力气，走几步就想坐下来休息一下。鬼子不让我休息，用枪逼着我往前走。我实在走不动了，鬼子推我，我就倒在地上。鬼子踢我，我也起不来。没办法，最后鬼子就让伪军把我背回了据点。

到了据点我被关进了“慰安窑”，和其他那些被抓来的女人关在一起。

第二天上午，我累得不能起来，在炕上休息，就有人叫我，说小队长叫我上去。我跟着两个伪军到小队长住的地方去。没有直接去，先被带到了洗澡的地方，但也没让进澡堂，而是在澡堂外的一间房里打来水，让我自己洗身体，洗全身，说是去见小队长。洗了澡，也没有回到住的房子里，而是被关进了另一间房子里住了一天。这天晚饭后，有两个鬼子把我带到小队长的石窑洞里。红脸小队长对我一笑，又用手一指，让我坐在床边。

小队长把刀擦好放入刀鞘后走过来，摸了摸我的脸，我还没有反应过来，身子已经被小队长两手托了起来，小队长哈哈一笑，又把我直直地立在床边。他用手比画着让我脱衣服。我明白小队长的意思，不敢违抗他，就在小队长的面前一件一件地把自己的衣服脱光。小队长围着我走了一圈，然后把我扔上床，拍打着我哈哈笑，把我强奸了……

抓我来的伪军亲口告诉我，让我一定要忍，宁可一人受苦，也不要因此而要了全家的性命。

小队长不允许中国女人在他行乐时流泪。但我还是忍不住哭了，小队长就打了我的耳光，打得耳朵嗡嗡作响，接着又把我推下床，推出门，让我赤身裸体站在院子里，也不让动，也不让穿衣服，门外不远处还有两个哨兵。我一直被罚站到后半夜，小队长才开了房门，把我抱回窑里。我早已被冻得像块冰了。我没有再哭，在床上一动不动，任由小队长，直到他满足……

从第二天开始，张小妮就离开了小队长的窑，被关到那间有许多人的大房间里。日军士兵对每一位新来的女人都特别感兴趣，所以张小妮到来之后，日本兵成群结队涌到这间屋子里来对她集中进行强暴。也有日本兵把她带到别的房子里强奸后，再把她送回来。就在张小妮被推进这间大房间之后不久，李秀梅和侯冬娥也被关了进来，这以后她们患难相助，成了无话不说的姐妹，这种关系一直保持到她们生命的终点。

当年日军的暴行，使张小妮失去了生育能力，一生无儿无女。张小妮晚年无依无靠，境况凄凉，于 1994 年 9 月离开人世。

如今，姐妹们大部分已相继离开人世，只有李秀梅等少数几个人还活着。李秀梅生有四个孩子，三个女儿，一个儿子，老伴在 2003 年 4 月去世，现在她一个人生活，生活费用靠儿女接济。李秀梅说，活着一天就会争取一天，去和日本人打官司，为了自己，也为了那些死去的姐妹，直到自己也死去为止。

1996 年 7 月 19 日，已近 70 高龄的李秀梅远赴日本，对日本军国主义当年侵略中国时在她身上所犯下的罪行进行起诉。下面是李秀梅在日本东京地方法院回答审判长提问时的法庭证言：

审判长：现在开庭，请向各位翻译清楚。证人李秀梅，您年龄多大？

李秀梅：69 岁。

审判长：小时候父母是做什么的？

李秀梅：务农。

审判长：你有过遭到日军欺侮的经历吗？

李秀梅：有的，是在 15 岁的时候。

审判长：15 岁时，你和谁生活？

李秀梅：和父母、哥哥四人生活。

审判长：有没有兄长以外的兄弟姐妹？

李秀梅：有个姐姐，那时还没有结婚。

审判长：15 岁时，你怎样生活的？

李秀梅：帮家里做农活。

审判长：15 岁时，生理开始变化了吗？

李秀梅：没有。

审判长：15 岁时，有过性体验吗？

李秀梅：没有。

审判长：15 岁时，被日军欺侮是什么时候？

李秀梅：阴历八月，傍晚。

审判长：当时，你在哪里？

李秀梅：在炕上坐着，和母亲正在做鞋。

审判长：当时怎么啦？

李秀梅：日军进来了。

审判长：日军有几人？

李秀梅：4 人。

审判长：日军拿着什么？

李秀梅：刺刀。

审判长：日军进屋做了什么？

李秀梅：拽我，母亲要拉我，母亲被他们打耳光，我立刻被拽走，嘴巴里塞上毛巾，我哭不出来。然后，双手被绳子捆住，驮在驴背上拉走了。

审判长：是日军拉着走的吗？

李秀梅：是用驴拉到进圭村的。

审判长：拉走时，日军怎么做的？

李秀梅：我手腕被绳捆着，驮在驴上，左边一个人，右边一个人，我跑不了。

审判长：毛巾怎么样？

李秀梅：我想拿下毛巾但不能，到了后来拿下来了。

审判长：在进圭村的什么地方？

李秀梅：在进圭村的窑洞里，一个小屋，有个小窗户，关在那里。

审判长：窑洞用什么造的？

李秀梅：用石头砌的。

审判长：那里只有你一个人吗，有别人吗？

李秀梅：有两个人。

审判长：和这两个人说些什么没有？

李秀梅：说这么欺侮人，今后怎么好哇。

审判长：你一直在窑洞里吗？

李秀梅：当晚，被拉到炮楼。

审判长：炮楼在哪里？

李秀梅：我被拉进日本兵住屋里。

审判长：炮楼的屋里有谁？

李秀梅：日本兵，个子矮，圆脸，白脸堂、五官端正的人。

审判长：在炮楼里，你被怎么啦？

李秀梅：我被强奸了。

审判长：之前，被怎么啦？

李秀梅：又吻我，又摸我身体。

审判长：那个日本人怎样脱的衣服？

李秀梅：比画着，要我脱衣服。我过于害怕，自己脱了衣服。

审判长：被强奸时，感到疼痛吗？

李秀梅：痛极了，我从未有过性体验，出了大量的血。

审判长：当时，你什么心情？

李秀梅：我极其愤怒，又没有办法，只有哭。

审判长：最初被强奸的夜里，你睡着了吗？

李秀梅：睡不着。

审判长：你怎样感觉？

李秀梅：我很害怕，想只要活着就行。

审判长：从第二天开始你在哪里？

李秀梅：第二天在窑洞里。

审判长：你被关进窑洞时可以自由出外吗？

李秀梅：不能自由到外面去。

审判长：去厕所怎么办？

李秀梅：有日本兵时，看守跟着可以去厕所。日本兵不在时，我住在屋子被锁上。

审判长：你遇到的日本兵中，最厉害的是谁？

李秀梅：糟蹋我的日本兵都坏，其中最坏的是个“红脸”。

审判长：“红脸”是什么样的人？

李秀梅：胖胖的，大脑袋，个子很矮，脸盘很大。

审判长：所谓“红脸”最厉害是怎样厉害法？

李秀梅：他经常糟蹋我，施暴也跟别的日本兵不一样。

审判长：性交方法和别人有不一样的地方吗？

李秀梅：在我腰下放东西垫高。

审判长：垫高有疼痛或不合适的感觉吗？

李秀梅：很痛，现在还隐隐作痛。

审判长：窑洞有被子吗？

李秀梅：没有，有麻袋。

审判长：吃的怎么样？

李秀梅：吃的和他们一样，莜米、土豆、小米等，一天一顿或两顿，没有看守时整天吃不上。

审判长：饮水怎么办？

李秀梅：给我。

审判长：日本兵冬天给生火吗？

李秀梅：靠中国看守和我们自己生火，日本人不给生火。

审判长：在窑洞里 5 个月，每天都做什么事？

李秀梅：我被拉来窑洞时，先不用说了。到了窑洞，有时日本兵一个接一个来强奸。

审判长：多次被强奸，身体有不适吗？

李秀梅：就是现在，到了冬天，腿动弹不了。夏天头疼，我每天都吃药。

审判长：你回家之后，和被带走时相比，生活有什么变化？

李秀梅：母亲死了。

审判长：怎么死的？

李秀梅：我被关起来后，母亲为了把我要回来，向亲戚借了 600 元钱，交给日本兵。即使这样也没有把我要回来。（哭声，律师劝止）钱花没了，

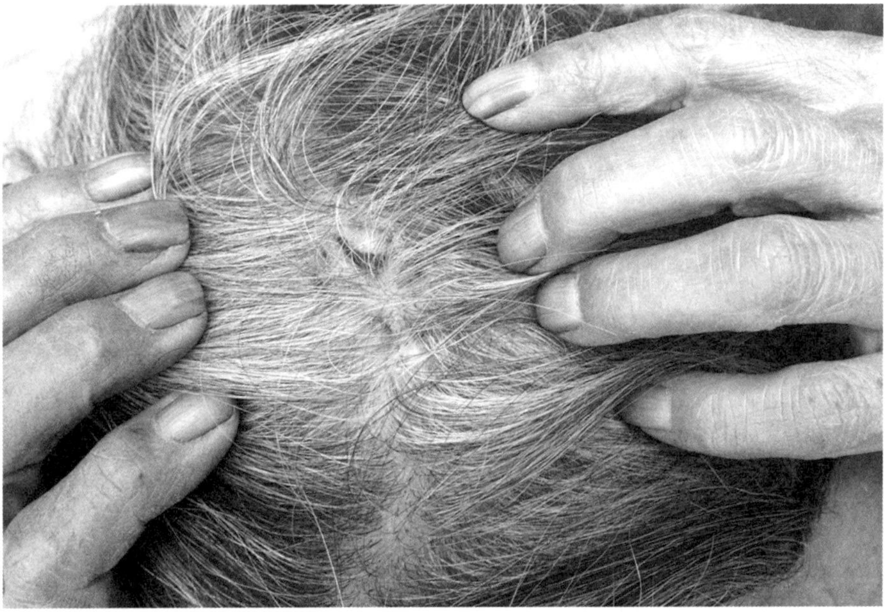

李秀梅的头上有一个深深的伤口，那是当年日本兵打她时留下的。李秀梅的身体上还有许多处伤痕，她说这些伤痕至今还在疼。

母亲上吊自杀了。她是因日本兵而自杀的。日本兵太损了，妈妈，妈妈（哭声大起来，两三名律师上来劝止，怎么也止不住，休庭10分钟）。

审判长：“红脸”队长怎么做的？

李秀梅：要强奸我，我拒绝了！

审判长：为什么？

李秀梅：我拒绝了，“红脸”队长就打我！

审判长：用什么打的？

李秀梅：皮带。

审判长：被皮带打后又怎么啦？

李秀梅：被打后，我跑出来了。他追到外面，又把我拽回来。

审判长：皮带打在什么地方？

李秀梅：皮带打在右眼上，因其影响，我右眼看不见了。

审判长：之后，你跑出来，“红脸”追过去是吗?

李秀梅：他拽住我左腿，我疼得厉害，怕是骨折了。疼得受不了，我咬了“红脸”手腕，于是“红脸”踢我屁股下面，我立刻倒下了。

审判长：倒下后，“红脸”怎么做的?

李秀梅：用棍棒打我的头。

审判长：棍棒在哪里?

李秀梅：扔到院子里，我被打得感到自己似乎死了，昏了过去。

审判长：出血了吗?

李秀梅：出血了。现在还头痛，吃药。脸也受其影响，成了现在这样。

审判长：现在考虑被“红脸”施暴的事，你怎么认为?

李秀梅：我恨他。

审判长：其后，你怎样回的家?

李秀梅：我伤势很严重，一位与日本人做联络的中国看守，把我运到一家大叔、大婶两人住的屋外厨房里，那人去告诉我哥哥说：你妹子被糟蹋得不成样子了。哥哥来了也吓坏了。哥哥为了不引起日本人注意，连夜搞来个箱子把我运回家。

审判长：之后，你结婚了吗?

李秀梅：结了。

审判长：结婚后，你说过被日本兵欺侮过的事吗?

李秀梅：没有。

审判长：现在，你和谁住在一起?

李秀梅：和丈夫。

审判长：现在生活怎么过的?

李秀梅：一直受孩子和亲戚钱物接济，现在也身不由己。

审判长：被“红脸”打的伤，现在还有吗?

李秀梅：有两个坑，脑子也不清晰，有时心情很坏。

审判长：眼睛怎样?

李秀梅：看不见了。

审判长：手腕怎样?

李秀梅：骨折了，是被拽的。

审判长：现在，左右手腕形状怎样？

李秀梅：不一样。

审判长：被踢的痕迹还有吗？

李秀梅：有。

审判长：你身体何处有伤？

李秀梅：腋下有。

审判长：后背有吗？

李秀梅：有。

审判长：你腿怎么样？

李秀梅：痛得不能动弹，左右腿长度不一样。

审判长：眼睛和腿不好，日常生活不方便吗？

李秀梅：这50年来，眼睛看不见，腿也不听使唤，相当不便。

审判长：你对日军和日本怎样看？

李秀梅：我的家，包括母亲都被日本兵害惨了，我要他们为此谢罪和赔偿。

……

（本章采访于2003年）

第 5 章

那大慰安所

那大，即今海南儋州市那大镇，位于海南省的西北部。

以下文字为吴连生关于当年日军那大慰安所的回忆。吴连生，海南三亚人，曾在那大慰安所做杂工。

吴连生：

那大被日本侵略军占领后，出于生计，我在那大市日军慰安所做杂工，当时 21 岁。慰安所“巴那个”（日语音译，即慰安所管事）差派我负责清洁卫生等杂务，我目睹了日军慰安所里的情景。

1940 年秋，占领海南岛的日军开始修建那大市日军“军部”（即驻军机关营地）。在军部即将建成时，筹设那大市日军慰安所。后来日军强占赵家园三进 12 间民房，办了赵家园慰安所。

1942 年 2 月，第一批 21 个慰安妇被押送到赵家园慰安所。慰安妇都是年轻貌美的女孩子，年龄在 16 岁至 18 岁之间，大多是邻近的临高县新盈地区人，也有东部的文昌县人和个别台湾人。慰安所挂牌开张的头天，早有日军士兵通宵在门外等着。天刚拂晓，慰安所门前已经挤满了人，日军用 7 辆大卡车接送士兵。日本兵排着长队，每人免费领到一个牌号和一个印着“突击一番”字样

当年侵华日军给士兵配发的专用安全套。侵华日军曾把男用安全套和预防性病药膏作为日军士兵的一种装备，专门配发给派驻进攻中国各地的每个日军士兵，这种做法在中外战争史上也是绝无仅有的。当年的日军专用安全套，是用牛皮纸小袋包装的，上面印有“突击一番”的字样。此为南京抗日民间史料陈列馆陈列的实物原件。

的卫生袋，袋子里装着避孕套和清洁粉。按照“巴那个”的指挥，日本兵手拿牌号依次进入慰安所，这边出那边进，一批刚走、一批又进入。原来规定日本兵每人“慰安”时间为30分钟，由于等着的日本兵人数太多，吵吵嚷嚷的急得不行，结果每人“慰安”时间缩短到15分钟。为了抓紧时间加快速度，进入慰安所的日本兵按照预先要求，自觉戴好避孕套，完事出来后脱下，连同卫生袋一起随手扔进大门侧角的大水桶里。日本军方专门派卫生监督的“值日官”站在一旁逐个检查，如果发现没有按规定使用避孕套和清洁粉的士兵，就上前盘问，还要记录在案，上报士兵所在部队长官，罚他在一个月内停止“突击一番”，目的在于防止日本兵患上性病，影响部队战斗力。开始10天，我每天挑出去倒掉的避孕套、卫生袋，就有满满的4个大桶。平时，日军用过的避孕套、卫生袋也不少于两大桶。

在开始的10天里，赵家园慰安所先后接待日军3000多人次，慰安妇每人每天至少要接客20人次。持续不断的接客，让慰安妇们承受不住，每天都有几个人因为体力不行休克，有的一天里好几次昏倒，下身大出血。记得慰安所开张的当天，有个名叫阿娇的16岁台湾姑娘，被接连不断的日本兵连续糟蹋，子宫破了，血流不止当场昏死过去了。糟蹋她的日本兵出门时告诉值日官，值日官要我们过去将她抬了出来。经过抢救打针止血苏醒后，只过半小时，“巴那个”又强迫她继续按客。在后来正常的接客日子里，我们每天抢出一两个慰安妇进行急救，也是家常便饭的事。

赵家园慰安所除就地接客外，还要按照日本军方的要求，定期或不定期地到据点“慰问”皇军。在“慰问”期间，“巴那个”把慰安妇分成几路，每路两三人用汽车送到日军各个据点。“慰问”的路线一般是由远至近，有时亦由近至远沿途“慰问”。每个据点视日军人数多少，安排一天或半天或者一个夜晚。“慰问”的慰安妇比起她们在慰安所里所受的累有加无减，她们日夜接客，一天长达12个小时以上，每人每天接客多达50人次。

慰安所没有休假日，服务不分昼夜，日军随时到慰安妇就要随时接客；“慰问”则轮流摊派，在日军人数多的突击接客日和下据点“慰问”的时候，慰安妇一律不准休息，月经来潮也不例外，慰安妇如果不从，就要受到很严厉的处罚。慰安所开张一个多月后的一天，一位名叫好英的新盈姑娘，因为一个日本兵逼迫她躬腰趴在地上接待他，她没有顺从，“巴那个”听到报告后，非常生气，派人揪住她的头发连抱带拖，把她捆在砖柱上，用抹污脏布堵住嘴巴，用辣椒盐狠狠地往她阴部擦。好英姑娘痛得拼命挣扎……边上人都不忍看。

赵家园慰安所究竟有多少慰安妇很难说准，时多时少，总的来讲人数不断增加，由开张时的21人先增加至39人，后来达到45人。但人员变化无常很不固定，有的来了一段时间，就突然无影无踪了，有的来了三五天后，又看不到了。这主要是因为，慰安所为了考虑到日军官兵喜新厌旧的心理，将“老”的慰安妇转送到别处，换旧补新。另外是日本军方把患了性病，还有患了其他病治疗不好的慰安妇秘密处置销尸灭迹了。有一个刚来不足一个星期的临高姑娘，名叫“报知”（临高方言，即何四），圆圆的脸蛋，年仅17岁，那天一下来了两卡车日本兵，“巴那个”明知到“报知”姑娘月经来潮，身体不干净，但还逼她接客，结果就染上了性病，尿不出，痛得厉害。医生给她打了针，不见好。第二天她病情更严重，阴部红肿，流淌脓血，疼得裤子都不能穿。她光着下身在铺板上翻来滚去，喊了两天两夜，慰安所里的人都心里难受。第三天深夜，“巴那个”用汽车把她拉出去了，偷偷将她活埋了。“报知”姑娘是“巴那个”叫我把她拖上车的。像“报知”这样半夜三更用汽车拉出去清理的，并不是一个两个，在慰安所的第一个月里，我亲历亲见的就还有两个。

赵家园慰安所里的慰安妇，主要是日军从海南岛各地抓来的。从口音上分辨，以临高县新盈地区的占多数，还有各县的，台湾妹也有，但比较少。她们大多是十七八岁没有结过婚的女子，也有部分十五六岁的，二十一二岁大姑娘仅有少数。慰安妇人员经常变动，她们的名字我大多不能记清。

赵家园慰安所的“巴那个”是个中年日本女人，平时穿日本和服。她对慰安所外面的人点头鞠躬礼节很周全，对内就心狠手毒。平时，“巴那个”要求慰安妇们身穿和服接客，来制造日本乡情气氛，但在突击接客日，慰安所一天要接几百名日本兵，这时为了节时省事，她就强迫慰安妇们整日赤身裸体一丝不挂地躺在铺板上和“慰安椅”上，任凭日本兵接连不断地发泄。

慰安所里的设备非常简陋，房间里没有专人床铺，只有一层离地约有40公分高的木板通铺；通铺没有间隔，仅仅拉根绳子挂上布帘或者毯子。在突击接客日，慰安所里显得太狭，行动拥挤，“巴那个”干脆连布、毯隔帘都不用，嫌挡风碍路。在慰安所大厅和露天的庭院里还放着一排排的“慰安椅”，来满足日本兵。慰安椅设制得特别，慰安妇仰躺在上面，屁股高头低，手脚不能自由活动，任由日本兵站着变换花招地行淫。

慰安所里的伙食简单粗淡，一日三餐，都是大锅饭、菜。米饭常掺有30%的糙米，菜食量少又缺油。为了保持慰安妇体形苗条，“巴那个”大部分时间只给她们素食。慰安所实行分饭制，由我们按慰安妇人头分派。在突击接客日，常有一盒盒丝毫不动的饭食被倒掉喂猪。“巴那个”没有给持续不断接客的慰安妇安排专门歇息吃饭的时间，而一个接一个的客人也让慰安妇们早就没有胃口了，根本就吃不下饭。

慰安所管理非常严格。为了防止性病传染，保证日军的安全，慰安妇定期检查身体，每星期一次。如果发现有性病的慰安妇，马上命令她停止接客，隔离处理，轻的在日军卫生所打针治疗，病好后转送到别处继续使用，经过三五天短期治疗无效的严重患者，就会被悄悄处死、销尸。慰安所还规定：不准慰安妇私容士兵在慰安所过夜；不准私陪士兵外出留宿；不准与所里工作人员眉来眼去，如果有违反，就严加惩罚。赵家园慰安所在那大市日军兵营范围内，慰安妇不能随便出营区，如果出去了，就要以擅自行动或者企图逃跑的罪名来处治。

我在慰安所做工的那段时间里，尽管赵家园慰安所从开张时的 21 个慰安妇增加至 45 个，但还是供不应求，难以满足本地区驻军日本兵的性要求，日本兵为此争抢打闹的事常常发生。第二年（1941 年）初，日军将那大市日军慰安所扩大，强占那大市民房李家大院三进 20 间增设了李家院慰安所。李家院慰安所的“巴那个”名叫“我闯”（音），是个好酒凶狠的台湾人，40 岁出头。自此，那大市日军慰安所分设两处，慰安妇人数增加到 150 人，大多为 16 岁至 18 岁的临高县新盈姑娘，也有当地的妇女。李家院慰安所的情形和慰安妇的遭遇，与赵家园慰安所大同小异。后来，白马井、新州、新英、中和、光村等圩镇也先后设置了日军慰安所，许多地区驻军驻地有了慰安所，那大市日军慰安所的紧张状况才稍微有了缓和。

我在那大市日军慰安所干了近两年，1943 年底，我设法逃出了慰安所。日军对我擅自脱逃很恼怒，就逮捕了我父亲吴亚老，并将他押到那大市芋子顶活埋了。

（本章采访于 2002 年）

第6章

鬼子的孩子

在三亚采访时，三亚市文史办公室的工作人员江青武对我说，当年在三亚日军慰安所里的慰安妇有一半是从台湾地区和菲律宾来的妇女，还有一半是海南临高人和本地人。在他小时候生活的村子里，就有一位老人年轻时曾经被日本兵抓去充当好几年慰安妇，现在这位老人应该还在。江青武还说：村子离三亚市区不远，他想带我去村里找找这位老人。小时候就经常听村里人在背后悄悄谈论她，平时在村里她不怎么说话，每天除了外出做事，就在家里不出门。自己小时候不懂事，也曾和其他孩子一样跟在她的身后喊“日本婆”、“日本婆”，而每当这时，她就加快脚步，匆匆离开。

在江青武的记忆里，这位老人活得很凄凉，也很神秘，她总是低着头匆匆走路的样子，在他的记忆里有着特别深的印象。

江青武处理完手头的事情后，就领着我乘车去凤凰镇寻找那位老人。老人所在的村子就在离三亚市大约一个小时车程的凤凰镇。八月，三亚的午后，灼热又漫长。到了村里一打听，村里人都知道这位老人。老人确实还在，并且每天仍在做事挣钱。她叫蒲阿白。见到蒲阿白，是在凤凰镇的菜市场里。蒲阿白坐在地上，面前摆着一个匾子，匾子里放着几十粒槟榔。

她的旁边是一个已经收了摊的肉案，肉案上分解肉时用力砍剁溅落的肉末，引来了许多苍蝇，嘤嘤嗡嗡的，空气中充满一股腥臭的味道。江青武和老人打了招呼，然后我们就在她的边上坐下。她嘴里嚼着槟榔，并不和我们说话，不时地用手去挥赶落在匾子里槟榔上的苍蝇。阿婆，在你年轻的时候，日本人抓过你是吗？江青武小心翼翼地问她。老人仍然沉默着嚼着槟榔，没有回答。鲜红的槟榔汁从她的嘴角溢出来，她用手去擦了一下。菜市场里很寂静，也很闷热。下午一点了，还在卖菜的人已经不多，而来买菜的人更少。很长一段时间，我们就这样和老人一起沉默着坐在空空荡荡的菜市场里。也不知过了多久，江青武再一次轻轻地对蒲阿白说：阿婆，村里人都知道的，这几十年里你忍着天大的憋屈，难道你真想就这样忍一辈子？阿婆，和我们讲讲吧，全把它讲出来吧。鲜红的槟榔汁再次从蒲阿白的嘴角流了出来，老人抬起手来，但这次她没有去擦嘴角，而是拭了一下眼睛。蒲阿白沉默着收拾起了槟榔摊。她拄着杖，弓着腰，朝菜市场外走去。我们跟在蒲阿白的身后，她领着我们一直来到了一处离菜市场几里路远的海边沙地上。沙地上长满了荒草和杂树，在荒草与杂树之间，隆起着一堆堆椭圆形的低矮沙丘。午后的阳光透过杂树的枝叶撒落在这一个个排列很不规则的沙丘上，看上去斑斑驳驳的，像一张漏洞百出的网。

这是一片墓地。在这片荒芜的墓地里，蒲阿白佝偻的身影穿行其中，显得异常凄凉。蒲阿白在一个个隆起的墓丘间徘徊着，她似乎已不能确定自己要找的是哪一个。后来她就在每一个墓丘前都蹲下身来，用手在墓前摸索。蒲阿白那个早逝的孩子就埋葬在这片墓地里，然而她已经弄不清到底哪一堆黄沙下躺着自己的孩子。她记得自己曾在孩子的墓前放过一块石头，于是她就这样在每一座墓丘前摸着，许多墓前也都有石头，也许只有老人自己才能感知得到究竟哪一块才是属于她的孩子的石头。

在夕阳下的墓地里，在她孩子的坟茔前，蒲阿白第一次向人讲出了那段埋藏在她心底的不堪往事。

蒲阿白：

日本兵过来时，我正在村口的池塘边洗衣服。

在墓地里抚摸着孩子坟墓的蒲阿白。

日本兵把我洗的衣服扔到了水塘里，就要我跟他们走。

我怎么会愿意跟他们走？我不愿意跟他们走。

日本兵连推带赶地把我带走了。家里都还不知道。

当时，同村还有一位姐妹和我一起被带走了，她叫江娜日（音）。

去的是一个有许多人干工的地方。

先被带进了日本人住的房子里。

当天就给日本兵强奸了。强奸的时候是三四个日本兵一起。完了就被关了起来。

关起来的那些天，没有别的事，天天就是被强奸。当时很害怕。

许多天以后，不关了，被放了出来，但不能回家，只能在兵营里为日本兵做“服务”。白天为他们洗衣服、打扫卫生，晚上再被他们强奸。

就这样子在那“服务”了一年左右，我又被转移到了一个新的地方。

那个新的地方我不知道叫什么名字，只记得是在山里，是个打石头开山洞的地方，那里有司令部，还有情报部。住的房子是用杉树搞起来的，用油漆刷成了绿色。

多少年来蒲阿白一直不清楚自己当年被关押的地方在哪里，从老人所能回忆起的当时关押地的环境及一些细节看，这样的地方在日军占领海南时，曾遍及海南各处。

1939年2月，日本侵略军占领海南岛后，即在海南各处构凿永久性工事，并开始疯狂掠夺开采海南丰富的矿石资源。由于当时开矿的技术落后，机械设备少，机械化程度低，绝大部分工程建设、矿石采挖都是靠工人双手和体力来完成。据当年曾经在日军工地做过劳工的幸存者介绍，劳工每天劳动时间长达 11 至 13 个小时，每天要抬矿石 2 卡（四吨），不完成任务不许下班，还要遭毒打。当时日本侵略者惩罚劳工的刑法就有20种，如砍肢、断脚筋、砍头、挖眼睛等等。

当年，在离蒲阿白家不远的山中，就有多处日军工地，两处较大的分别是三亚榆林港东北 10 公里处的田独铁矿，还有昌江境内的石碌矿。这两处矿区里的劳工，许多都来自台湾。1940 年前后，日本人以每天工钱 2 日元、时间半年为条件在台湾招劳工。由于当时台湾恰逢灾年，不少人衣食无着，这样他们就和日本人签了合同，廉价出卖了自己的劳动力。上海沦陷之后，日军又从上海抓来大批工人、学生来海南当劳工。当时包括香港地区及国外被日军骗来、抓来海南的矿工达 25000 人以上，加上岛内的劳工，则多达 40000 余人。劳工当中，甚至包括中老年妇女和十一二岁的孩子。在繁重的体力劳动压榨下，有许多人被活活累死、饿死、病死。

日本人在这些矿区除了开妓院供一般管理人员娱乐外，还设有“慰安所”，专供军人使用。

蒲阿白：

我一个人住一个房间，每天晚上有日本兵来。

就是在这里，我怀上孩子了。

日本人投降后，我回到了村里。

日本人投降 4 个月后，孩子出生了，是个女孩。她是不该来到这个世上的。

蒲阿白，生于 1915 年，海南省三亚市人。1941 年成为日军慰安妇，直到日军投降。在做慰安妇期间怀孕，后生下一女。女儿早逝。

生下时，我一开始想把她按在尿桶里溺死，又一想，也是一条命啊，有错也是日本人的错，我的错，她没有错啊。

我带着孩子生活了两年。两年后，同村的陈文辉娶了我。

因为我当过“日本娼”，女儿又是日本人的种，就一直遭了不少委屈。小时候她也不知道为什么人们就拿她和其他孩子不一样看待，我也没告诉她，怎么告诉她？告诉她什么？告诉她，“你妈是个日本娼？你是日本人的种？”

她常常被同龄的孩子欺负，他们骂她是日本鬼子的种，日本鬼子是坏人，日本鬼子的种也是坏种。有时候被人欺负了，她也问我，哭着问怎么回事情？我能告诉她什么呢？后来，有一次她去井边打水，掉到了井里……

在回三亚的路上，车沿着蜿蜒的海岸行驶着。风从车窗里吹进来，带着湿润润的海的气息。此时太阳已经在西天落下，只留下满天的彩霞。白色的海滩上一群群游人在嬉戏玩耍。

坐在我边上的文史工作者江青武看着车窗外说：“真是难以置信，这么美丽的三亚，曾经经历过那么一段丑恶的历史。”

（本章采访于2002年）

第7章
阿 黄

林爱兰：

那天我到邻村去走亲戚，就在走完亲戚回来的路上，遇上了日本兵。当时，我连躲也来不及躲，就被日本兵抓住了。那是1943年2月，当时我18岁。那天和我一起被日本兵抓走的共有4个人。

在村里，很少有人知道她“林爱兰”这个名字，人们都叫她阿黄。

林爱兰家的三间平房坐落在村子的边上，三间平房中间的那间是堂屋，左间是灶屋，右间是卧室。林爱兰住在卧室，女儿林宝香的床则铺在堂屋里。虽然在村里住了很多年，但村里的人都并不太了解林爱兰。林爱兰平时和村里的人少有往来。这几年林爱兰的腿不能再走动，她和村里人的往来几乎就断了。村里人的印象是：阿黄是个沉默孤僻而又琢磨不透的老太太。

见到林爱兰时，我忍不住根据她现在的轮廓在心里去描摹她年轻时的模样。林爱兰个子很高，即使现在80岁了她的身材依然挺直，一双大的眼睛，长圆的脸形，皮肤白皙……我能想象得出年轻时的林爱兰是个怎样漂亮动人的女子，而在那样的虎狼年月，这样的女子几乎注定会有着逃不脱的凄苦命运。

林爱兰和女儿林宝香。

林爱兰的女儿林宝香今年只有16岁，刚刚在乡初级中学毕业。林宝香没有继续上高中，一是因为家里没有钱，另外也因为妈妈的岁数大了，身体又不好，需要人照顾。考高中的时候林宝香没有去临高县城参加考试，她说怕考上了又不去上，伤心会更厉害一些，所以干脆就没去考。

林宝香不是林爱兰亲生的。林宝香是16年前林爱兰在乡医院里抱来的。林爱兰自己不能生育孩子。

16岁的林宝香是个可爱又懂事的姑娘，她说自己小时候很奇怪别人的妈妈都年轻，而自己的妈妈怎么会这么老。于是就常常问妈妈这是为什么，后来大了，就不问了。

林爱兰现在已经不能走路了，她说这是因为早年身体遭受的那些伤害造成的。她在房间里活动全靠一把椅子，身体坐在椅子上，双手抓住椅面左摇一下再右晃一下，一点点地挪来挪去。上床下床以及过门槛，就都得靠林宝香抱。林宝香个子不大，每次抱林爱兰时，都要使出全身的力气。

林爱兰和林宝香现在靠政府每月补助的108元钱生活，她们要省吃俭用才够用。

林爱兰几乎从来都不向人说起自己的过去，她60多年前的那段经历，女儿林宝香也并不太清楚，林宝香只是隐隐约约能感觉到妈妈林爱兰的过去似乎有很多故事，很多坎坷。

林爱兰开口讲自己的那段经历时，林宝香正在灶台上忙着做饭，灶屋的顶上缺了瓦片，阳光从没有瓦片遮盖的屋顶直射下来，照在灶屋金属的盆勺上，发出眩目的光，林宝香就在这光里来回地穿行忙碌着。在淘好了米，洗净了菜之后，林宝香偶尔也会站在灶前，站在那束光下，手里端着盆，望着堂屋里的母亲，静静地听一会她所讲的话。林爱兰的声音并不大，每次林宝香未必能听得清母亲的话。但当林爱兰刚一抬手擦拭眼角时，林宝香就立刻从灶屋里走出来，她用胳膊搂住母亲，然后就一直乖乖地蹲在林爱兰的腿旁。

林爱兰：

日本兵把我带到兵营里，兵营里这时已经有许多姑娘被抓来了。她们都是附近村里的。

日本兵把我们分开成两组，我和几个姑娘先被带到了一个住处，另一组的姑娘就不知道被他们带到了哪里。

晚上我们就睡在地铺上，每人有一条毯子。

当天半夜，就冲进来一群日本兵，他们横冲直撞，把我们按在地铺上，剥去衣服就强奸。我当时紧紧抓住裤带不放，一个日本兵就举起军刀要砍我的手，我只好放开了手，另一个日本兵趁机就剥下了我的裤子。后来，我还是反抗，一个日本兵就用什么东西戳穿了我的大腿，我疼得昏了过去。

第二天，我被姐妹救醒，发现自己赤身裸体地躺着，就痛哭了一场。

被抓去几十天以后，有一天我和另外两姐妹找准了空，就逃了出来。可是哪里能逃得了啊，不到一天，又被他们从家里抓了回去。抓我的时候，母亲就被日本兵活活打死了……

我害了母亲。

抓回去后，日本人就打我们，把我们吊到房顶上用棍打。往死里打。

这次被抓回去后，我就被送到了加来。

当时日本人正在加来修建机场。

加来位于海南临高县南部，是海南岛西部的交通要冲。日军当年为了维持其在海南的统治，从1940年开始，便在加来修建飞机场。据相关资料的不完全统计，从1940年至1945年8月的五年多时间，日军在建加来飞机场过程中，死亡劳工近10000人。当年掩埋劳工尸体的地方，现在有一处“万人坑”旧址。

当年日军在加来霸占了当地居民孙帮光家的房子，开设了“慰安所”。他们把一批批当地妇女抓到“慰安所”里充当慰安妇。许多慰安妇后来遭残杀。

林爱兰：

那时，日本人抓了很多人去加来。这些人在加来当牛做马，白天干的是牛活，晚上住在烂草棚里，四周还围着铁丝网，出不去，也进不来，连大小便也

林爱兰在向记者演示当年日本兵是怎样折磨她的。林爱兰，生于1925年，海南临高县人。18岁时成为日军慰安妇，因不堪蹂躏，曾逃回家中，后日军将其抓回，并将其母亲杀死。日军投降后，改名流落他乡。

海南临高。黎明时分的海平面。

都只能在自己住的棚子边。

修加来机场时，到底死了多少人，谁也说不清楚，有病死的、有饿死的，也有累死的。在加来，我们住在木板做成的房子里，天天都有许多日本兵来，经常累得两眼发黑，呕吐，但又不敢挣扎，只能咬紧牙，忍！

这些我是永远不会忘记的。

我是在日本人投降后才获得自由的。

为了不受影响，重新生活，我只得离开原先的村子。来到这个村里时，我改了名字。和我一起被日军抓去的姐妹，她们都已经死光了。

林爱兰小时候生活的那个村子里，如今也只有很少的人知道她现在的下落。

（本章采访于 2002 年）

第 8 章

16 岁、17 岁、18 岁……

从保亭县城到加茂镇的北懒下村，其实路途并不远，却很难到达，窄窄的小路在椰林里像蛇一样的扭曲盘绕，还不时分出岔道来，伸往椰林深处许多个不知名的村庄。

一路打听着来到北懒下村的时候，已过中午。

来到陈金玉老人的那两间小屋前时，她正坐在门前，咬着手里的一只青涩的果子吃。陈金玉穿着筒裙，赤着脚，脚面上贴着一片草叶用来止血。刚刚在田里劳作时，她的脚面被藤条拉出了一条长长的口子。

那两间低矮的小屋前，摆放着一口棺材。这棺材，是陈金玉为自己准备的，它是在老伴去世的那一年和老伴的棺材一起打好的。陈金玉的老伴在 10 年前去世，她说老伴是自己这一生中遇到的最护着她的人。日本投降后，从日军魔窟中走出不久的陈金玉经人介绍，嫁给了一位在村里给人家当长工的农民。婚后，他们相濡以沫，携手度过了近半个世纪的风雨岁月，并养育大了 5 个儿女。

陈金玉指着那口棺材说，一想到自己经历的那么多屈辱，还有至今仍要承受着的各种痛苦，就真想早些躺进去。

因为一直没有油漆，再加上十多年的风雨侵蚀，棺材看上去像是一截

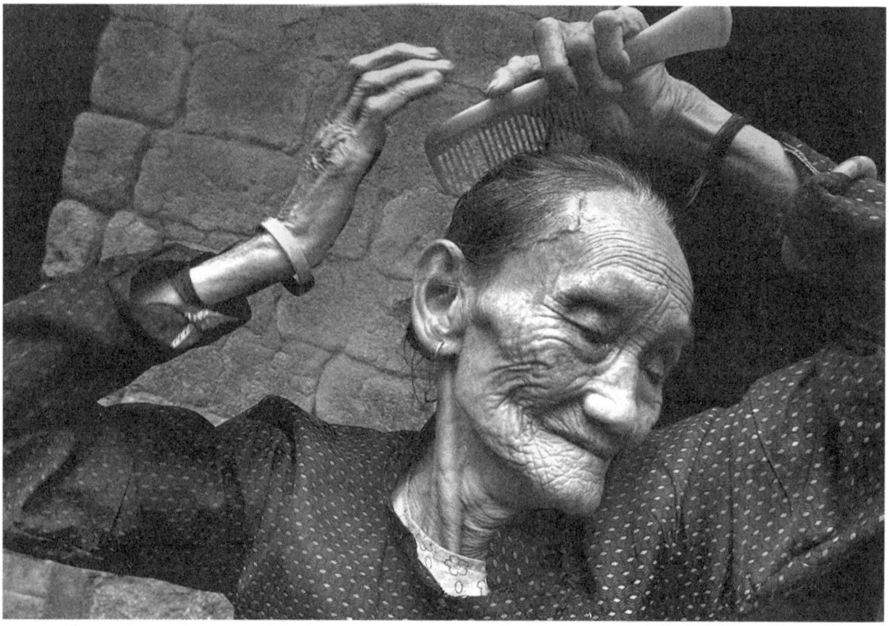

陈金玉，生于1925年，海南省保亭县人。1941年被日军编入“战地后勤服务队”，1945年6月逃出日军营地，藏身于荒野，直到日军投降。

腐朽了的粗大原木。

“可躺进去也没法瞑目。我心里有冤屈。”陈金玉说。

日军占领海南岛后，无数海南妇女即遭日军强奸、有组织的轮奸，甚至被以各种方式毫无人性地奸杀。人类战争史上最肮脏、最无耻的军妓制度，也在海南岛日军部队中普遍实行。海南各地被日军抓去充当慰安妇的年轻妇女，与从韩国、朝鲜、菲律宾、日本诱骗而来的妇女一样，在遍及海南各地的日军驻地慰安所里惨遭蹂躏。

1939年2月14日，日军侵占了海南岛南部重镇三亚。同年4月，驻扎在三亚的日军第六防备队开始对三亚附近地域进行“扫荡”，同时向藤桥、陵水等沿海地区进犯；4月底，藤桥、陵水先后被日军占领，占领后日军很快就在那里建立起了据点。1940年5月15日凌晨，驻三亚日军派出多架飞机，对保亭境内进行轮番轰炸、扫射，第二天，日军地面部队进攻保亭县城，并在占领县城的同时，陆续在保亭境内建立了多处据点。

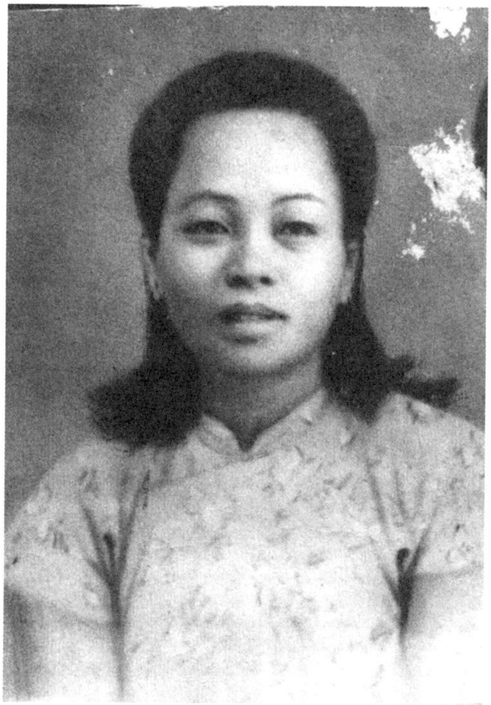

蔡美娥，生于 1927 年，海南琼海龙江镇人。1941 年，她 14 岁时被日军抓进据点，关在炮楼里充当慰安妇。当时与蔡美娥一同被关在炮楼充当慰安妇的共有 5 名当地女性。

日军占领这些地区后，随即对这里丰富的矿产资源进行掠夺式开采。采矿需要大批劳工，日军除了从其他占领区整批整批抓来劳工外，他们又把魔爪伸向了保亭、陵水、崖县和三亚的许多毗邻地区。他们在这些地区强征了大批男女劳工，并从劳工中挑选出年轻貌美的女性编入“战地后勤服务队”，充当他们的性奴隶。

当年仅保亭境内被日军抓去编入“战地后勤服务队”的黎族、苗族妇女就有 20 人，60 多年后的今天，这些妇女大多数都已离开了人世，而陈金玉、邓玉民、伍来春、黄玉凤、卓天妹则是她们当中为数不多的幸存者。

下面是陈金玉、邓玉民、伍来春、黄玉凤、卓天妹等讲述的 60 多年前她们被迫成为日军慰安妇的经过，以及当年她们的生活情况。在她们各自的讲述中，我们可以看到这几位有着不同性格的女性却有着几乎相同的受害经历，在她们各自的讲述中，日军的丑恶嘴脸也有着惊人的相似。她们的讲述，铁一样证明了当年侵华日军对中国女性进行毫无人性的性迫害的事实。

卓天妹，生于1924年，海南省陵水县祖关镇人。18岁时被日军抓走，关押于祖关军部，充当日军慰安妇达3年时间。

卓天妹：

我们家住在高子村，18岁那年，日本人到高子村抓人去修公路。那年我母亲去世了，三个姐姐也都嫁出去了，家里只有我和父亲。当时我父亲的岁数实在是太大了，根本不能去修公路，我就被日本人抓去了。

伍来春：

日军侵占保亭县时，我是个17岁的姑娘。我家离县城只有5公里左右。日军在县城建立营房据点时，许多乡亲都外出逃难，我家无处可去，当了“顺民”。当时日军大量征集民工开路、架桥，还占用良田种水稻和烟草。被征集的民工很多，都住在工棚点里。男民工大部分砍山开路，少数种水稻、烟草。妇女负责插秧、锄草、收割或捉烟虫。我也被征去当了劳工。

邓玉民：

1943年秋天，我和姐姐当了日本人的劳工，劈山开路、种烟草和水稻。

邓玉民，生于1926年，海南省保亭县响水镇什齐村人。16岁时遭日军强奸，后被迫成为日军慰安妇，直至日军投降。

陈金玉：

1941年初，日本人在我们这建据点的时候，我16岁。当时日本人把我抓去当劳工。开始我被派去种水稻、种蔬菜，不久就被编入了“战地后勤服务队”，那时我根本不知道“战地后勤服务队”是干什么的，只以为当了服务队队员比其他劳工要轻松一些。

黄玉凤：

1939年冬，日军飞机轰炸了保亭县城，轰炸了加茂镇。第二年春，日军地面部队从藤桥经布巾、芒三侵占了加茂，并在加茂河的南岸建立据点。河的北岸是加茂圩，圩上也驻扎一队伪军。离我家毛林村不足1公里。

日军为了尽早开通藤桥通向保亭县城的公路，就在当地大量征集劳工，修路架桥。当时我17岁，常替父母应征劳工。村里每轮须派5个劳工，4天换班一次，村小劳力少，很快又轮到了。

邓玉民：

劳工里还有其他几个姑娘，日军监工看我们几个年轻姑娘长得好看，就指着我们对翻译叽里咕噜说了些什么。当天傍晚，我和几个姐妹就被翻译叫了过去，要我们搬到粮食仓库那边去住，工作是筛米和装袋。

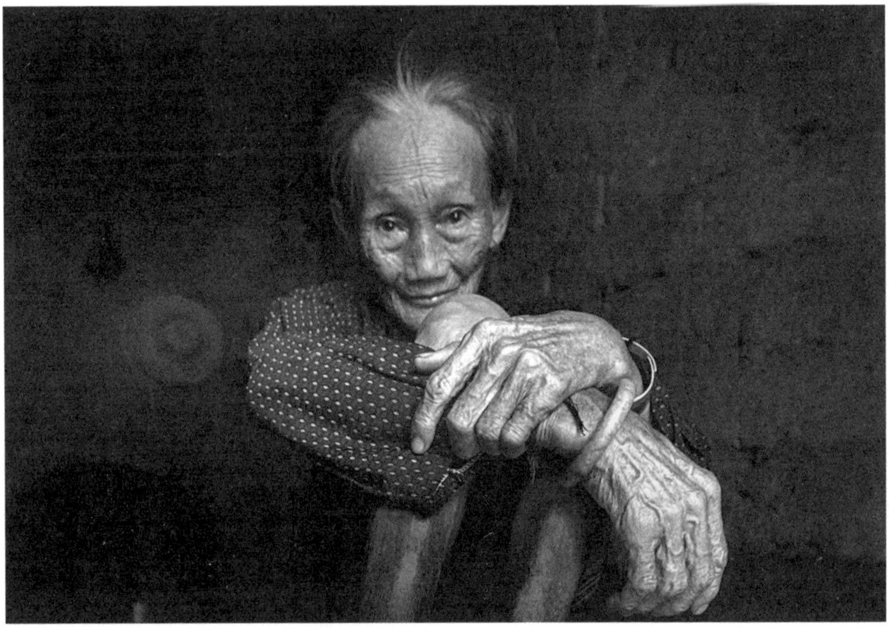

陈金玉。

伍来春:

我当劳工的第七天，记得是1940年5月，那天收工回住地已是黄昏，我洗完澡就到工棚外乘凉。4个像是出来散步的日军（日军据点离我们工棚约500米）看见我就指指点点、嘀嘀咕咕。

黄玉凤:

我干了几轮劳工，大概过了一个月。一天日军上曹检查劳工干活，发现了我，就向伪军赖进兴了解我的情况，当天就指定不让我回家。我又哭又闹，死活要回家。日军通过赖进兴威胁说，如果不听话，皇军是不会放过我和我的家人的。

陈金玉：

进了“战地后勤服务队”后，我就被安排去抓烟草虫。当时天天都有日军监工在监视着我们。在我当了服务队队员后的第七天，我和其他姐妹正在吃午饭，日本兵来到了我们住的工棚，叽里呱啦说了一阵子后，翻译就对我说，皇军叫你现在去他的房间，有事找你。当时我非常害怕，但又不敢不去，就跟着他们去。

卓天妹：

日本人把我抓去后，并没有让我去修公路，而是把我押到了位于祖关的军部里。在祖关的军部里，我和其他被抓来的姐妹们白天为日本人干各种杂活，晚上被他们糟蹋。

邓玉民：

搬下来第二天，翻译把我带到日军长官住房。那个长官翻译称他松木先生，松木说我长得漂亮，要和我交朋友。我听不懂他的话，经翻译对我说了，我也不明白他的意图，就点点头表示同意了。

伍来春：

我听不懂他们的话，心里却特别害怕，就想赶忙回工棚里，但他们堵住了我的路。

黄玉凤：

日军上曹是驻加茂据点的小队长，我不懂他的名字，只叫曹长。自从他看中我，派我干的都是轻活，如锄草、捉烟虫，较重的工也只是筛米。有六七个姐妹也被挑来跟我一起。

陈金玉：

我一进房间，门就被“嘭”的一声关上了，我当时就被吓得叫了一声，结果被打了一个嘴巴子。

卓天妹：

被关在这里的其他姑娘都和我一样，她们也是附近各村被抓来的，年龄都在十七八岁到二十四五岁左右，其中有几个是黎族姑娘，有3个是汉族妇女。我当时18岁，长得又漂亮，因此天天都要遭到很多日本兵的欺负。

邓玉民：

当时我刚过16岁，而松木看样子有40多岁了。那天傍晚，翻译又来找我，说松木先生叫我去。虽然我心里非常害怕，但我也不敢不去。翻译把我带到松木的房间后，嘀嘀咕咕地说了些什么就走了。松木就拉我坐在他身边，才一坐下，他就把我抱到了怀里，我们苗族姑娘穿的是包襟长衣，没有纽扣，他抱住我，就用手在我的胸和下身乱摸乱捏。我很害怕，就拼命地反抗，但没有用，很快他就把我扒光强奸了。

第一次被强奸，很痛，回来后姐妹们问我发生了什么事，我只是哭，也不敢说出实情。

伍来春：

工棚里的民工谁也不敢得罪日本士兵，我只好转身向西边小山上跑，没跑出多远就掉进一条壕沟里，还没有爬起身，几个日军就赶到了，跳进土沟里将我抱住，用手比画着不让我出声。他们4人紧靠着我，你抓他捏，摸遍我全身上下。过一会，其中两个折了些树枝铺在沟底，一起动手扒光我的衣服，把我按倒在树枝上……

天黑了，我感到下身火辣辣地疼，想爬爬不起来，浑身酸软的，一直到觉得很冷了才慢慢穿好衣服走回工棚，到了工棚里，我只是埋头哭。

黄玉凤：

有一次曹长命令我，晚上陪他去河边，我非常害怕，但又不敢反抗。就那天晚上，他在河边两只手抓住我的胸部使劲捏，最后把我按在沙滩上强奸了。自此以后，我就成为曹长的女人了。

陈金玉：

日军比画着要我脱掉裙子，我不肯，他就扑上来把我扒了……那是我第一次被强奸，我疼得叫起来，日本人就不许我叫，还打我嘴巴。

被强奸后，我很害怕，就趁监工不注意的时候，逃回了家。刚刚逃到家，日本人就跟着也到了我家，他们把我从家里抓了回去。抓回去后，日本兵把一把军刀倒插在地上，要我在军刀上面弯下腰手脚着地，军刀的刀尖刚好抵在我的肚子上。撑了一会儿，我就感觉撑不住了，但是一撑不住就会被刀尖戳死，所以我就咬着牙死命地撑。日本人还用棒子在我的腰上打。后来我实在不行了，就向他们求饶，说我下次再也不敢跑了。

卓天妹：

3个月后，我被转移到了另外一个日军据点，在这个据点又被关押了几个月。这个日军据点里有很多年龄很小的姑娘，这些小姑娘一般只有十三四岁，她们受的糟蹋，我都不敢看，经常是七八个日军轮奸她们。这个据点看守很严，谁也别想跑出去。日本兵经常喝酒，一个个喝得醉醺醺的，然后就来糟蹋人。

一天晚上，几个带着枪的日本兵，喝得醉醺醺的到我这里来，其中一个手中拿着长枪的日本兵嘴巴叽里哇啦的不知道在喊些什么，我一点都听不懂，另外几个就一齐向我扑过来，他们七手八脚地把我按住，撕我的衣服，在我的身上发疯般地乱抓乱捏，然后他们就争抢着强奸我……我被他们折磨了很长很长时间，我全身发抖，冒着冷汗，想哭也哭不出声来……

邓玉民：

这之后，松木就天天要我到他房间里去。有时白天，有时晚上。他每月都强迫我服几粒丸，说是预防病的。和我在一起的几个姑娘，她们也都和我一样。

伍来春：

第二天，4个日本兵又来了，我们正在田里锄草。其中一个日本兵跟监工哇里哇啦说了一会，又指着我们这些姑娘，说完他们就走了。中午收工回来，监工找我和其他6个年轻姐妹，并告诉我们，从下午开始改变我们的工种，任务主要是筛米、装袋。我们6人被安排住在粮食仓库旁边的一间茅屋里，仓库很大，里面堆满大米和稻谷。我们白天筛米、装袋，晚上就有三五成群的日军士兵来我们住处，先动手动脚调戏，然后强奸，完事就走。白天也来找我们，想要谁就把谁拉去。日东公司职员却很少找我们，要找也只是派工而已。

有时日军也带我到据点供他们“开心”。据点里日军很多，有100多人。据点里有专门供“日本娼”住的房子。

每个月，日军都给我们发预防丸。第一次我服后反应很大，头晕、想呕，全身不舒服。此后，每次发预防丸时，当着他们的面我假装吞下，其实含在舌底，等他们离开再吐掉。

在粮食仓库我干了半年。这半年中几乎天天都有日本兵来找，多时三五人。其他姐妹的遭遇也同我一样。

黄玉凤:

翻译告诉我，没轮到我的劳工时，白天可以在家，但晚上必须到据点，陪小队长睡觉，天亮才能回家。我们村离据点近，曹长什么时候需要，都由赖进兴通知。加上赖进兴为了讨好小队长，认他为干爹，很多事都由他跑腿。

天气好的时候，曹长还会带我到河边沙滩上做那事，但多半还是在“日本娼”的房子里。据点里的“日本娼”房是一间大房子，屋内除一条过道外，分隔成五小间，每小间只有一张木板床。曹长带我去，没有固定哪一间。每次在“日本娼”房里，隔壁同时都有日军在做那事，都会听到呻吟声。

“日本娼”房和日军宿舍距离有50米，中间有通道。天气好，又有月亮的夜晚，日本兵也常拉着女人到河边沙滩上玩弄。

陈金玉:

从那以后，我天天都要被日本人强奸。就连来月经的时候，也从来没有被放过。实在受不住了，就又想逃。有一天下午，我和姐妹们一起到加茂河洗澡，我就偷偷潜水过了河，爬上对岸就跑，结果又被岗楼上的日本哨兵发现了。

邓玉民：

两个多月后的一天，翻译又把我带到了松木的住处，刚进门，就看到两个日军军官站在里面，松木不在。我想退出房间，但那两个军官却把门关上了，我想叫，他们就掌我的嘴巴。这两个日军军官把我轮奸了。

事过不几天，翻译又找我，要我去松木的住处，我就说不去。翻译就说，如果我不去，日军就会把我杀死，同时还要杀死我的姐姐和其他苗族人。这样，我就只好还是跟他去，到了，松木就强奸。松木不仅自己强奸我，他还让别的日本人轮奸我，我想逃出据点躲到山里，但又怕被他们抓回来，被他们打死。

伍来春：

半年后，他们把我调换到别的房子去住，工作也改为扫地、洗衣服或捉烟虫。晚上照样要供日军玩。

本来当民工，一个月可以轮换一次，但我们这些女孩子不给轮换。自己吃的米还是回家取的，不然要家人送来，换点盐巴回去。

家中有事，也要保甲长来替，事后必须按时回到据点。日军侵占保亭县城近6年内，我被迫接待过多少日军，无法说清楚的。

黄玉凤：

真正的日本军妓每个月用汽车送来一次，每次约十一二人，住了三四天才走。她们个个都长得漂亮，嘴唇红红的，穿着长裙子。她们一来，我们这些劳工姑娘就要回避回家，待她们离开后才被召回据点。

陈金玉：

这次被抓回来后，先是一顿毒打，之后被拉到操场上，要我四肢着地，像牛一样爬，他们用鞭子在后面打。

当时正在下大雨，身上被打出了很多伤口，雨水一淋钻心的疼，我没爬几步，就趴在泥水里，不能动弹了。当时多亏了姐妹们通过翻译向日本人苦苦哀求，我才保住了命。以后，日本人看得更严了。

卓天妹:

我被日军抓去关在军部里回不了家，有三年时间。

没有人知道，我们当时过的日子不是人过的日子。

解放后，卓天妹和同村的村民陈文义结婚，婚后生有4个女儿，一个儿子。丈夫陈文义于四年前去世，现在卓天妹和儿子陈道红一家生活在一起。卓天妹老人的身体较好，现在仍能干活，每天煮饭、喂猪、上山打猪草。

邓玉民:

1945年8月底，据点里的日军官兵、日东公司里的日本人都有点手忙脚乱地往外搬运东西，一车车运走。平时被看管得很严的劳工，这时没有人管了，胆大的劳工就背起行李往外走，也没人过来问。后来才知道日军投降了。

我是建国后才嫁人的。

伍来春:

1945年，日军投降后，我才回家，也是建国后才嫁人。

因为大家都说我是“日本娼”，所以每次“运动”我都被点名，受批判。“文革”期间，我被划到地、富、反、坏分子行列，队里重活都让我干，还要接受斗争，贫下中农集会都不能参加。其他姐妹也不例外，常被批判斗争，苦得很。有一个被批得最厉害，后来死了。

黄玉凤:

被征集到加茂据点修公路、架桥、种烟草的劳工，每一轮有60人左右。男的开路或砍公路两旁的树丛杂草、运材料架桥，或是整地种烟草；女的锄草、筛米。收获的烟叶晒干包装好就运走；日军运来很多稻谷，由妇女推磨舂成白米，再装袋运走。烟草、白米往哪里运，我们是不能知道的。

劳工来自友具、介水、加答、祖建等10多个村庄，每个村四五人，粮食自带。每轮期满日军给每人发2两食盐，此外什么也得不到。那些被日军指定来服务的姐妹没有任何报酬。

舂谷的陈金玉。

陈金玉：

1945年6月的一天，日本人显得很慌乱，他们持着枪进进出出的，像是发生了什么事。我以为逃跑的机会来了，便趁乱、趁天黑溜出了营区，游过加茂河，逃回了家。可刚一到家，日本人就又追了过来，我当时被吓坏了，想这一次被抓住，就活不成了。我就跑到了保长家，保长就对我说快往山上跑，到山里躲起来。我逃的时候，远远的都能听到追我的日本兵在对保长大声叫。

我在大山里躲了两个多月。有一天，家里人找到我说“哑客”（当年当地人对日本人的称呼，意思是无法和他说话的人）下海了。我就小心地从小路摸回家，村里人都说日军据点里已经没有人了。

日本人走了后，我就嫁了男人。因为当初我一直不吃日本人发的“预防丸”，所以我还能生孩子。

（本章采访于2002年）

第 9 章

“战地后勤服务队”

下面是林帕公对当年日军“战地后勤服务队”的回忆。

林帕公，海南保亭人，当年曾在保亭县城日军据点当过伙夫。

林帕公：

日军在兵营和据点成立“战地后勤服务队”，名义上说“战地后勤服务队”的任务是给官兵洗衣服、照顾伤病员和打扫营房卫生，而实际上是强迫良家妇女供日军官兵发泄性欲。

“战地后勤服务队”的人员，绝大部分是在当地强征来的。他们从当地挑选年轻貌美的妇女，编入“战地后勤服务队”。被编入“战地后勤服务队”的妇女，如果逃跑，抓回去往往会被处死。不按规定时间服“预防丸”，或不小心怀孕的，也往往被剖腹杀死。

我在日军据点当伙夫期间，常被日军招去搞“快乐房”（即前文中说到的“日本娼”住的房）的清洁。“快乐房”是日军军妓或“战地后勤服务队”接待日军官兵的地方。日军县城据点共有“快乐房”三间，每间房中安放两张用稻草编成的有尺把高的床，床上铺着塑料布（当时叫树泥布），上面铺草席。两床之间隔着一块帆布。每当“快乐房”中有日军人员，我都要提一小桶温水给服

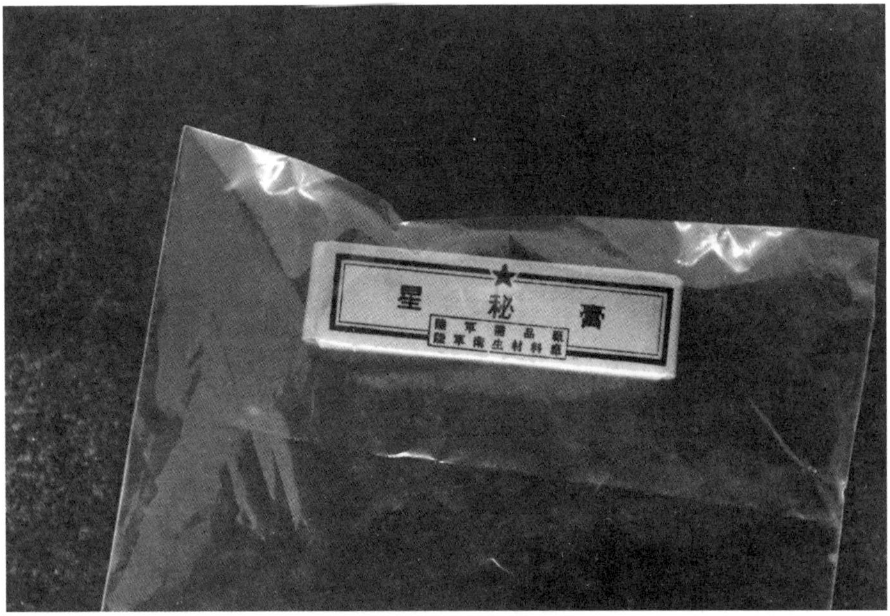

当年侵华日军配发给士兵的预防性病药膏，药膏包装盒上注明“星秘膏”，由纸盒做包装，正面注明由“陆军卫生材料厂”和“陆军需品厂”生产，背面还写有管状药膏的具体“使用方法”。此为南京抗日民间史料陈列馆陈列的实物原件。由于当时应征到中国侵略的日军士兵绝大多数为未婚男青年，考虑到由于他们的性发泄、性放纵所引发的问题将会关系到侵华日军的整体战斗力，于是日军高层便决定采取向侵华日军士兵发放专用安全套和预防性病药膏，以有效地避免日军士兵性病的感染和传播，同时又能保证日军士兵在中国从事强奸侮辱中国妇女和慰安妇等活动，从而提高日军在外作战的士气。据当年的日军回忆，侵华日军在中国每进攻一座城市时，各级军官均以对中国妇女发泄兽欲为诱饵，来怂恿和鼓励日军士兵士气和斗志的。在这种近乎公开的怂恿、支持和鼓励下，从“七七事变”爆发以来，侵华日军各个部队几乎变成了野蛮疯狂发泄兽欲的战争机器，特别是日军在 1937 年 12 月制造南京大屠杀期间，每天至少有 1000 名中国妇女遭日军士兵的强奸或轮奸。1946 年 3 月，南京国民政府“敌人罪行调查委员会”经过调查出具报告称：“据主持难民区国际人士之粗略估计，当是（时）南京市遭受此种凌辱之妇女不下 8 万人之多，且强奸之后，更施以剖乳、刺腹种种酷刑，必置之死地而后快。”现有的大量史料表明，强奸、侮辱和残害中国妇女为侵华日军在华期间的主要罪行之一，而且均得到了日军各级的默许、支持，特别是对因此可能染患性病的问题采取了周密的防范措施，由此直接导致了侵华日军强奸、侮辱和残害中国妇女的战争暴行愈演愈烈，令人发指。

务队的女人净洗下身，事后收拾用来垫下身的塑料布，将其洗净晒干备用，还要打扫用过的避孕套和丢弃的卫生纸。起初我不愿干这种污秽下贱的活，结果被“快乐房”日本管理人用皮带抽了一顿，他们硬逼我干，想跑也是不可能的。

在“快乐房”搞清洁时，我常看到黎族姑娘乌昂扎（音）、味冬盖（音）、伍来春等妇女被迫接待日军。遭遇最惨的是杨嫣邦（音）。日军下村清剿时抓住她，把她轮奸后带回据点编入“服务队”，她体质虚弱，但还要时时供日军奸淫。

每月中旬，日军还从三亚军部用车载来五六名慰安妇到保亭各个日军据点巡回“服务”。每当有慰安妇到县城据点时，“快乐房”的清洁工作也必由我负责。

加茂、番雅、南林等日军据点都设有“战地后勤服务队”。

1944 年上半年，南林据点的日军，抓来刚满 17 岁的黎族少女李亚茜，把她硬编入“战地后勤服务队”。由于李亚茜年轻俊美，在服务队里，日军官兵个个都指名要她“服务”，李亚茜遭受的折磨最厉害。

李亚茜逃了几次都逃不了，每次被抓回来，日本人对她的折磨就更厉害。她性格倔强，把日军发给她的“预防丸”偷偷扔掉，拒绝吃下，这就引来了杀身之祸。当年下半年，日军发现她有了身孕，结果日军把她绑起来，押到了庆训村边的坡地上，将她剖腹杀死。日军还从李亚茜剖开的肚子里掏出了胎儿，然后随手扔掉。

凡被编入“战地后勤服务队”的姑娘，没有一个能逃脱日军控制的。直到 1945 年 8 月底，日军投降后她们才又回到家里。

据了解，原在保亭县城据点服务队的 10 多名妇女，以后绝大多数不能生育。她们丧偶后或由亲属抚养，或过着孤独的“五保户”生活。

日军所谓的“战地后勤服务队”，其实就是一所所更加“随军”的慰安所。

（本章采访于 2002 年）

第 10 章

什号村

海南保亭。雨后，通往乡间的土路。

从保亭县城到什号村不通公路，地图上也无法找到什号村的确切位置。我花了很长时间，在保亭县城里四处打听去什号村的路线、方法，但几乎所有人都不知道这个地方，偶尔也有人说知道，但接着又会莫测高深地摇着头说，那里不好去的，那里不好去的。我有些不相信，就巴掌这么小的一个县，能把一个村庄藏到哪里去。

我决定租辆车，自己直接找过去。在这样一个偏远的小县城里，出租车的生意似乎并不好做，所以见有人想租车，开出租车的便都显得异常热情。但一听说要去什号村，他们便又都转身不再理我。在我再三追问下，有人不耐烦地告诉我：“那里不通公路，只有很差的便道，太伤车了。”第二天一早，以超出正常租金两倍的价格，我终于租到了一辆愿意拉我去什号的出租车。在接受我预付的租金时，司机一脸的悲壮。而这时，天却开始下起雨来。路果然很差。车不停地陷到泥坑里，走不了多远我就要下来推一次车。雨水和着红色的泥浆将衣服裱得像铠甲一样厚重，路两旁的树枝藤条先是剐在车上“吱吱嘎嘎”直响，然后就猛的狠狠地抽打在我的身上。司机已经好几次扭头问我：“还要往前走吗？”当他再一次扭头这样问时，我有了犹豫。车又一次陷进了坑里。就在我一阵沉默后，坚决地说出“还往前走”时，司机也坚决地做出了他自己的决定：“不能再往前走了。”

他说出这一决定时的表情，就像当初他接过我递去的预付金时一样，一脸的悲壮。司机带着我走进附近的一个村庄，然后他又在村庄里找了一位熟悉当地道路的村民，他让这位村民用摩托车载我继续去什号村……

雨还在下，河水还在继续往上涨。

什号村就紧挨在一条宽阔而又湍急的河流边上，百十户人家的那一间间低矮的茅舍散落在河岸边的树林里，它们是用当地特有的一种茅草和木料搭建而成的。

进村后，有村民主动上前询问我们去谁家，我告诉了他我要找的人的名字。他就又对我们说，我领你们去吧。

我终于见到了林亚金。

沿着河岸，找了很长时间也没有找到通往对岸的桥。向导到林子里去折了根树枝，他一边用树枝在河水里探着，一边慢慢朝着河对岸走去。在向导的帮助下，我顺利地过了河，来到了什号村。

林亚金：

那是 1943 年的 10 月份。一天，我和谭亚銮、谭亚隆，还有李亚伦 4 个人正在稻田里收水稻，突然听到邻村方向响起了密密麻麻的枪声。因为害怕被子弹打中，我们就都趴在稻田里，一动也不敢动。等枪声停了，才探出头朝刚才响枪声的邻村方向看，也不知道那里到底发生了什么事情。这时，我们一点都不知道背后正有一队日本兵朝我们悄悄围过来。等我们发觉后面有日本兵的时候，已经迟啦，谁都跑不了了。

那年我 17 岁，村里人都说我长得漂亮，想和我好的青年不少，也常有人来提亲，但我不愿意。那年头太乱了，没想到就被日本人抓去糟蹋了。

日本兵押着我们 4 个姑娘，翻过了一座山，来到了崖县的一个村子里，这个村子叫什漏村。

林亚金，生于 1926 年，海南保亭县南林乡什号村人。1943 年 10 月被日军抓走，在日军多个据点间辗转充当慰安妇，因被蹂躏致病，后得以回家。

到了什漏村后，村里没有一个人。村里人在日本人来到之前，就都躲起来了，什漏村就成了日军的一个据点。我们 4 个人被分开，关在 4 间茅草屋里。茅草屋是逃走了的村民留下的空屋。

日本兵四五个人一伙，找我们一个一个地问话，主要问我们抗日游击队在哪里。我们哪里知道抗日游击队在哪里啊，没人回答得出来，再看着日本兵又那么凶，就都害怕得哭了起来。

记得问我话的 4 个日本兵中，有一个翻译。日本兵问完话就走了，把我一个人锁在了屋里。

第一个晚上就这样过去了。

第二天傍晚，来了另外 4 个日本兵，其中也有个翻译。他们问了我几句话后翻译就退出去了，翻译临出去时对我说这三个人是当官的。这天晚上，我就被这 3 个当官的轮奸了。这三个当官的都不是人，当时我痛得直喊，他们就扇我的嘴巴，不让我喊，一直挨到他们倦了才停下来。

从那以后，夜夜都有日本兵来我这里，每次 3 至 5 人不等。有时候好几个一起来，一个强奸，其他的在一边看，还笑。

天天如此。

每天三顿饭，有伙夫送来，每顿一个饭团和半条鱼，也有时是一小块猪肉，但由于我天天被糟蹋得浑身酸疼，饭也吃不下。

白天被关起来，大小便都不自由，夜里被弄得死去活来的，就想逃跑。茅屋外面，有木板搭成的岗楼，几个当兵的轮流着站岗，跑不了。

在什漏村过了 10 天，我们又被送到了南林据点，关进一间铁皮盖的房子里。

南林日军据点离林亚金和谭亚銮、谭亚隆，还有李亚伦的家不过两三里路。但即使离家这么近她们也不能回家，当时家里人也得不到她们的任何一点消息，不知道她们在哪里，不知道她们是死是活。那时，林亚金曾想到过死，可再一想假如自己就这么死了，家人都不会知道自己死在了哪里，还有，如果自己真的死了，多病的父母谁来照顾。想到这些，林亚金就觉得自己该忍辱活下来。

海南，当年日军的遗留建筑。

林亚金：

在南林据点关了不久，他们就又把我重新押回什漏据点，有6个日本兵押送，前面3人，后面3人，怕我逃跑。回到什漏据点，还是被单独关在一间房子里，不过这回可以走出屋子。据点边上驻有一个中队伪军，中队长是当地黎族人。因为是同乡人，我就壮着胆子认他为大哥，恳求他救我出去。我向他诉说自己的苦处，我说，这不是人生活的地方，日军每晚都来轮奸我，连月经时也不放过，只叫我洗一洗下身，擦干了他们又来强奸，弄得满身经血。他当时听了也没有什么反应。

一个多月后，我生病了，皮肤发黄，浑身浮肿。伪军中队长见我可怜，就向日军求情，说我生了病，家中母亲也眼看着快要死了，就让她回家探望一下，顺便也好看医生吃药治疗自己的病。

日军见我一副焦黄的样子，也没有了兴趣，这才同意放我回家。

回到家，才知道父亲真的生病了，而且病得很重。

不久父亲就去世了，剩下母亲和我。

当时，家里没有钱，母亲就让我到什丁村姐姐家去吃草药治疗。在姐姐家吃草药吃了两个多月，身体一点点有了好转，那时已经是1944年的初夏了。

那时母亲体弱多病，家里又穷，无法生活，我就到崖县罗朋村去，给人打工。打工的这户人家主人是农民，没有儿女，我给他们干农活，有饭吃，还有点钱。当时就想有点钱为母亲治病。大概在这户人家干了有半个月吧，有一天，村里来了4个日本兵，是罗朋据点的。日本兵发现了我，就硬拉我上山去砍扫把。我担心挨打，只得跟他们上山。上山之前翻译被日本兵支走了，3个日本兵押着我上山，语言不通，只能用手比画。谁知到了山上，他们并不让我砍扫把，他们拽住我，在我身上乱抓乱咬，痛得我直哭。最后他们撕我衣服，把我按在地上……

没有办法，我只能哭一场。

回来后我把白天的事情告诉了主人，主人一家就很害怕，劝我早点离开此地，说那些日本兵一定还会来找麻烦的。这样我就只好回家了。

不久，弟弟生病，在县城里医治，我去探望。去县城的路上必须要经过一个日军哨所，本来想悄悄溜过去，但就在走近哨所的时候，偏偏又遇上了3个日本兵。这时正好周围也没有什么人，日本兵就拦住我，叽里呱啦，动手动脚，虽然我听不懂，但心里明白，今天又要遭殃了。我转身往回跑，可跑不过日本兵，他们从后面抓住我，就往路边的山坳里拖……

本来我的身体就很虚弱，再受他们这一糟蹋，我就受不了了，大声哭。这个时候，正好一个老伯下地看水路过此地，他听到我的叫声，就扛着锄头赶过来。这时日本兵已经把我糟蹋完了，他们就扔下我，溜回哨所去了。

老伯见我衣服被撕破了，知道发生了什么事，他就一边骂着那些畜生，一边扶我起来，叫我跟他回村里去。我当时两腿麻木，走不动，老伯就把我背到了他的家里。一直到第二天，我的感觉才好了些。以后我就再也不敢去县城了。

回家后，我连门也不敢出了。

听别人说，和我一起被抓到什漏据点的谭亚銮、谭亚隆、李亚伦也遭尽了日本兵的折磨，她们一直到日本人投降后才回南林老家。当时我生病，也不能去看望她们，只听乡亲说她们3人个个皮肤蜡黄、全身浮肿，回到家里后都在家服药治病。1946年春夏之间，她们都先后死了。

1951年初，林亚金嫁到了离家较远的什号村。林亚金一直没有告诉丈夫自己被日本人抓去过的事。她说："怕人家知道了我的事情（指被日军抓去过）后会打骂我。"林亚金和丈夫怀过一次孩子，但孩子却死在了她的肚里。婚后一年多，丈夫又死了。以后林亚金不再嫁人。

"文革"时，林亚金因曾当过"日本娼"，被批斗。

林亚金后来抱养了两个孩子：养子吉家贤，养女吉秀莲。现在老人和养子吉家贤住在一起，吉家贤今年56岁，有6个儿女。

老人不愿当着后辈的面讲述自己的往事，我们的谈话是在离吉家贤家不远的一间小屋外进行的，这间小屋是林亚金原来的住处，已经快要倒塌。我们坐在小屋的屋檐下，林亚金在讲述往事时，雨水顺着屋檐上黑色的木椽一直不停地往下滴着。

（本章采访于2002年）

第 11 章

四月初二的早上

1941 年农历四月初二的早上，日军突然包围了山西省盂县的西烟村……

赵润梅:

当时，村里的许多人都没有来得及跑。

听说鬼子已经进村了，干妈就告诉我，邻居柴银柱家有个地洞，催我赶快躲到那里去。

我就急忙往邻居柴银柱家跑。我是小脚，跑不快。

等我跑到邻居柴银柱家门口时，就看到柴银柱家的人已经都被日本人杀死了。我就又转身往回跑，这时两个鬼子端着刺刀枪从后面追了上来。眼看鬼子就追上我了，我还是拼了命往干妈家跑。我三岁我妈就去世了，是干妈把我一手养大的。我跑到了干妈家，鬼子也跟到了干妈家。干妈就用身子挡住追过来的鬼子兵，嚷着让我快跑。鬼子就在干妈的头上砍了一刀，干妈被当场砍倒在地。干爹（养父）就也冲了过来，还没等干爹伸出手，干爹的脖子上就也被砍了一刀。我看到干妈、干爹被砍倒，就跑不动了，这时小鬼子走到我面前，把刀对着我，比画了几下，吓唬住我，然后把我抓牢，当场轮奸了我。

我干妈、干爹就躺在离我不远的地方，我看见他们的刀口处往外流着血。

奸完了以后，小鬼子又把我捆了起来，然后把我放到毛驴背上。毛驴是干妈家的，就这样把我驮到炮楼上去了。

西烟这一天发生的事，后来在盂县文史资料中被称作“西烟惨案”：1941年5月27日清晨5点多，盘踞在东郭的日伪军出动200余人，突然包围了西烟镇。先是伪军吼叫开门，等村民们起来开门时，被日本兵用刺刀一一刺死，“柴银柱刚把大门打开，被日军的刺刀就捅进肚内，又把肚皮豁开，将肠子挑了出来，柴银柱立刻倒地死去。曹富春开门后见日伪军扑来，他转身就走，不料日军连发数颗子弹，曹富春惨死在弹雨中。彭成寿还没来得及起床就被破门而入的日本兵用刺刀杀死。李根银老夫妇二人也被闯进门来的日军砍死……”这次日伪军在西烟镇屠杀了无辜村民42人，砍伤7人，抢走粮食财物无数。

日军当年的那座炮台还能觅见踪迹，炮台底下关押过赵润梅的那个地洞也仍隐约可辨，只是当年赵润梅17岁躯体里流出的殷红的血，以及她的呼喊，早已化作烟尘，或山风，痕迹杳无。

那些60多年前的被严密组合成一体的石块，在它们周围越来越密集的崭新房舍中，显得奇怪而又有点荒诞，时光已经让它们变得颓败、荒芜，不再狰狞，却越发不可理解。

也仍有依然坚实的碉堡，它们就像肿瘤，顽固地矗立在不远处逶迤起伏的山脉的轮廓线上。时光没能遮盖掉它们，亦如赵润梅心头的痛。在一个天地间充满了剧烈阳光的午后，我去看它们。穿过大片的荆棘丛，再越过几道陡峭的岩坡，我陷入了一条堑壕。没膝的荒草中，时不时蹿出蛇、蜥蜴，还有惊慌的野兔。堑壕蜿蜒于山脊，两头连着碉堡。碉堡漆黑的射击孔中，依然藏着令人毛骨悚然的阴险。这由水泥和钢铁构成的乌龟壳样的东西修凿得异常坚固，壁墙厚近一米，虽已经半个多世纪的风雨剥蚀，但整个建筑竟仍完好如初。

它能保留至今，是否也应归功于当年日军心中揣着的那份巨大恐惧？站在碉堡中，透过射击孔可以清晰地看见山下的一座座村庄，一条条道路。

赵润梅：

干妈被日本鬼子砍了一刀后，头上流脓流水，也没有钱医治，一年后就死了。干爹脖子上被砍了一刀，一年半以后才死。干爹脖子上被砍的刀口口子大，吃饭的时候饭会从刀口里流出来，喝水的时候，水也会从刀口里流出来。没有办法，后来就在刀口上贴了一块鸡皮。贴了鸡皮也没有用。他受了一年多的罪以后，才死了。

我被日本鬼子用毛驴驮到河东的炮台上以后，就被关在炮台底下的一个地洞里。圆的地洞没有窗户，就一个人关在里面，洞口用木栅栏挡着，人出不去，地上铺着木板，每天有人送饭来。

赵润梅的臀部、背部满是疤痕，她说日本兵糟蹋她的时候，不管在什么地方，也不管地上有没有东西，他们就直接把她按倒……有时身下是石子，有时身下是树枝，但日本兵不管，就压在她身上折腾。赵润梅说，那个疼啊，钻心……常常在被日本兵疯狂蹂躏以后，自己的臀部、背部鲜血直流。

赵润梅：

干爹那时还没有死，他变卖了家里的所有家产，又向别人借了债，总共筹了 200 块大洋，想尽了法子才把我赎了回来。

回来的时候，是我干爹和我干哥哥拿担架把我抬了回来，我当时已经被糟蹋得不成人样了，精神也失常了。

回来后，干姐姐整整照顾了我半年，半年以后我才能自理。

因为被日本人抓去过，被日本人糟蹋过，一直没有人肯娶我。好几年以后，河东村的一个丑汉子才要了我，他家家境特别穷，兄弟又多，他娶不到媳妇。我和他结婚六年，没有生下孩子，后来丑汉子也不要我了。我就又回到了娘家。在娘家住了一年后，家里又把我许给了第二个人，他也不想娶我，嫌我被日本鬼子抓去糟蹋过，名声不好。但是因为他家里穷，娶不到别的女人，所以最后他还是娶了我。还是一直没生下孩子。

36 岁的时候，抱了个女儿。

赵润梅，生于 1924 年，山西省盂县西烟镇南村人，17 岁时被日军抓进炮台充当慰安妇，其父后来变卖了家产并四处借债，凑足 200 块大洋后将她赎回。

80 岁的赵润梅如今和女儿曹金爱一家一起生活。曹金爱是赵润梅的养女。曹金爱今年 45 岁，有四个孩子，孩子都在上学，家里一年满收入四五千元钱，孩子的学费全都要靠贷款。

赵润梅的眼睛已经锈了，根本看不清针脚，但她每天仍在做针线活。虽然每一针每一线对她来说完成起来都特别不容易，但她说，女儿的日子不好过，自己什么也不做，心里过意不去。

（本章采访于 2003 年）

第 12 章

打破沉默的人

其实，在雷桂英站出来之前的长达三分之二个世纪的漫长沉默中，我们一直在等待。

在 60 多年前的那段历史里，南京，这是一个特别的城市，它是当时遍体鳞伤的中国躯体上的一块最大最痛的伤口。日军占领南京后，在这里进行了长达一个半月的屠杀、奸淫、抢劫、焚烧……这些年来，这座城市里许多人一直在不屈不挠地向日本政府讨还各种各样的公道，然而唯独慰安妇问题在沉默。我们当然不相信侵华日军当年在南京没有强迫当地妇女去充当慰安妇，更不相信当年的这些慰安妇都不愿去向日本政府讨还公道。那么，究竟是什么原因使得慰安妇问题在南京这座曾经饱受屈辱的城市保持了如此久的沉默？

这些年来，每次去南京，几乎都去看那座正在拆与不拆间吱嘎摇晃的慰安所遗址，那是亚洲最大最完整的慰安所遗址……当年被日军侵占过的许多地方，不断有老人站出来公开自己当年慰安妇的经历，而南京，就这样一直沉默着。

2003 年 11 月 20 日，一位名叫朴永心的老人从朝鲜来到了南京，这也是她在漫长的人生旅程中第二次踏上南京。朴永心第一次来南京那年，是

从高处俯瞰南京利济巷 2 号日军慰安所遗址（白色框线内）。

17 岁，而这次来她已 82 岁。两次南京之行，时隔 64 年。那天，朴永心在别人的搀扶下，缓缓走向南京白下区利济巷 2 号的慰安所遗址。那天，南京城阴雨绵绵，黑漆漆的弄堂里，滴滴答答的雨水沿着挂满蛛网的屋檐往下落。在来到利济巷 2 号的红漆木门前时，朴永心停下脚步，她慢慢抬起头向楼上望去，这时 82 岁的朴永心浑身开始颤抖……在十几分钟伤心欲绝地抽泣后，朴永心喃喃地却又非常肯定地说："就是这里了！"

就是这里了！朴永心生于 1921 年 12 月 15 日，朝鲜平安南道南浦市后浦里人。1939 年 8 月，17 岁的朴永心在平壤火车站被日本警察以招护士为名，骗上了一列运货的列车，由日本宪兵押往中国南京。就是在这里，朴永心这个当时年仅 17 岁的少女，成了日军的"南京慰安妇"。就是在这里，朴永心每天要遭受二三十名日本兵的残暴蹂躏。就是在这里，南京利济巷 2 号，朴永心度过了整整三年漫长而难熬的非人时光。

走进木门，一股浓重的霉味扑面而来。朴永心在人们的搀扶下上楼。脚下的木梯还是当年的木梯，慰安所旧址里这条窄窄的曾经是通往自己房间的楼梯，朴永心似乎依然熟悉。走在嘎嘎作响的楼道里，朴永心仿佛又走回自己的那段屈辱的人生里。上到二楼，朴永心径自走进了左手的第三个房间——当年的 19 号房。

19 号房是利济巷 2 号慰安所二楼 16 个房间中普通的一间，布局和其他房间一样，大约 15 平方米，门的右侧，有一块 3 平方米左右的地方凹向里边，这凹进去的地方就是当年榻榻米的位置。房间有窗，窗上拉着一抹灰的布帘，窗下摆放一张小桌。地板已经破旧得辨不出颜色，墙壁暗黄……就是当年 17 岁的朴永心的 19 号房，朴永心的花样年华就是在这里被化成了一生的苦难记忆。

朴永心仔细地环顾着房里，然后她的呼吸渐渐开始变得急促，她突然甩开搀扶她的人，激烈地挥动起双臂，身体摇晃着用拳头重重地擂打自己的胸口……她面对房间里原来摆放榻榻米的那块地方，撕心裂肺地大喊：“你们为什么不去打日本人？拉我到这个地方来干什么？”

17 岁的朴永心在到达南京利济巷 2 号慰安所以后，被改名叫“歌丸”。

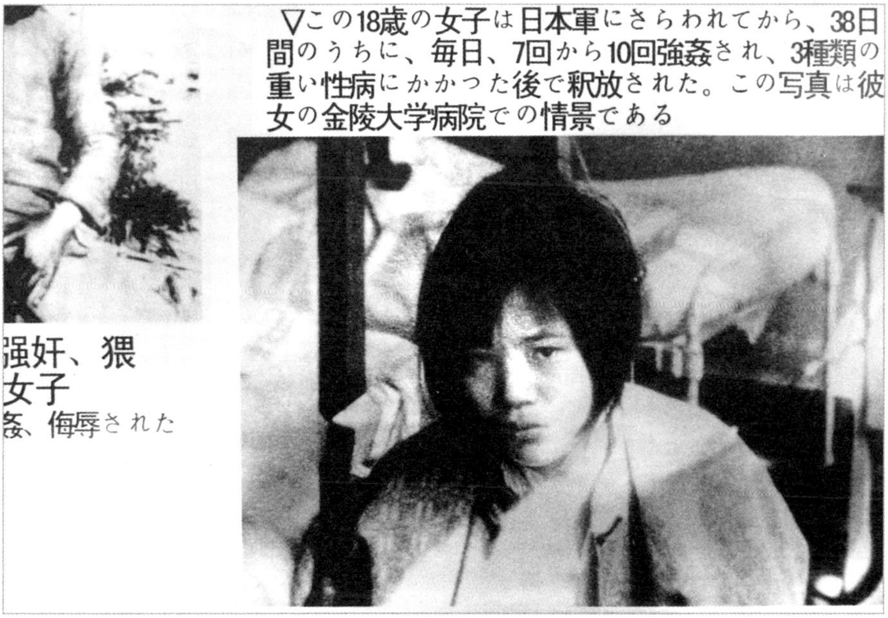

这是日军占领南京后不久，一位外国记者拍摄的照片。图中的日文说明：这位 18 岁的女子，被日军抢去 38 天，每天强奸 7-10 次，后因染上 3 种最严重的性病才被放回。图为该女子在金陵大学医院。

当年利济巷2号慰安所有20名慰安妇，日本兵凭借“慰安券”可以随意进入她们的房间取乐。当地的一位老人至今还记得当年这里的许多情景，他说：“住在利济巷2号慰安所内的年轻女子都十分漂亮，很多是盘着高高的头发，穿着颜色艳丽的和服、木屐。挎着刀的日本兵在楼下的铺子里喝完了酒就醉醺醺地来到这里……房间里会传出女子哭喊的声音……”

慰安所里当年食堂、浴室、小卖店的具体位置，朴永心都一一地指认了出来，而楼顶的那间狭小的阁楼，则是用来惩罚慰安妇的地方，如果有谁不愿“接客”，她就会被推进这间阁楼，然后撤去梯子，阁楼上没有食物，也没有水。直到被关的人由于饥渴而无法忍受，屈从了，才会被放出来。

1939年，当朴永心被日本宪兵押到南京时，南京已被日军占领了近两年，日军屠城后，疯狂的强奸与轮奸导致性病在日军内部流行，日本华中方面军司令官松井石根为了保存战斗力，同时也为了应付国际舆论的谴责，下令迅速召集慰安妇。1937年12月，慰安妇制度在南京开始实施。当时有来自中国、朝鲜、韩国、菲律宾及日本本土的数千名少女与朴永心一样在南京沦为日军慰安妇。由于是日本“中国派遣军”总司令部所在地，南京也成为日军设立慰安所最多、实施慰安制度最“完善”的地区。据专家统计，当时南京城里的各种慰安所不下40家，大街上随处可见“支那美人，兵站指定”之类的海报。

朴永心在南京作短暂停留后，2003年11月22日，她乘飞机前往昆明。在飞机上，朴永心一直愣愣地看着玄窗外，像是要找回什么。“我们是坐在军用卡车的货厢里被带到山里的。车里还有军人和我们在一起。”朴永心回忆说。1942年夏，在南京利济巷2号熬过了三年后，朴永心和其他800名慰安妇被日军作为“军需物品”经上海，转道新加坡、缅甸，运往云南前线。当时中日军队于怒江两岸对峙，云南战事正紧，日军在前线建立了大量的慰安所，这些慰安所急需大批慰安妇填充。朴永心还记得，往云南前线的途中，自己在车上一边被颠簸摇晃着，一边凝视着路旁满山遍野的花——黄色的花。这开满黄花的地方，就是当时战争的最前沿——松山。

1944年9月，在长达100天的松山战役后，日军战败，藏身于山野的朴永心被当作“日本人的女人”，由盟军俘获。战争结束后，朴永心被送回朝鲜。

朴永心此次时隔64年重返中国，向世人证实了一段鲜为人知的历史，但它是否也会给那些和她有着同样经历但仍然沉默着的人们带来一丝触动？

随着时间的流逝，当年的“南京慰安妇”还活着的已经越来越少，她们的继续沉默，将使那段屈辱历史变得模糊不清，甚至可能被埋没。当年南京的日军慰安所里到底有没有中国慰安妇？

早在许多年前，就有专家学者在对南京被日军占领期间的慰安所进行调查，在一份尚未公开的《对南京原日军慰安所的最新调查报告》中有一段关于南京“汤山慰安所”的记载：

汤山镇位于南京以东的远郊区，有温泉，是著名的风景区与疗养地，又是南京外围的重要据点。战前南京国民政府在这里建有多所别墅，还建

作者在利济巷2号日军慰安所遗址采访拍摄。

南京远郊汤山镇小街。

了一家陆军炮兵学校。日军占领汤山后，长期将炮兵学校占作兵营，驻防许多日军。并在当地设立了几家慰安所。

1929 年出生的朱家龙老人在 2004 年 2 月接受采访时说："日本人在汤山开的慰安所，就在指挥营后头的天然温泉浴室里头，我进去看过。""……另外一个妓院是个叫天福的日本人开的，就在汤山街上，大门牌子上写的就是'天福'两个字。天福的老婆在里头管一帮女的，很凶。"

1924 年出生的经友发老人在 2004 年 9 月接受采访时说："汤山的慰安所一开始在老街里，是地主袁广智的房子……慰安所在老街办了两三年，后来搬到了高台坡的巷子里，就是现在的信用社的东边，也办了两三年。慰安所是日本商人山本夫妻俩办的……"

1925 年出生的刘幸福老人在 2004 年 7 月接受采访时说："日本人在

雷桂英，生于 1928 年，江苏南京汤山人。9 岁起即遭日军强奸，13 岁时被骗入慰安所，是南京站出来指证南京慰安妇历史的第一人证。

汤山街上是开过妓院的，他们叫慰安所，在高台坡那里，离我家门口不远，有三间大瓦房，现在改成信用社了。”

慰安所有确证，那么当年这些慰安所里关着的究竟又是些什么样的人？

2002 年秋天，南京远郊的汤山镇汤山街有一位姓朱的老人行将离世。老人在临死前，把自己的儿子朱某叫到身边，他告诉了儿子自己家族里被日本人杀死的所有亲人的名字，要儿子记住。最后，老人又特别告诉了儿子一件事：和自己家住同一条街的邻居雷某，她曾经被日本人抓去当过慰安妇。老人嘱托儿子这个也不要忘记。

父亲去世后，朱某一直记着父亲临终前对自己说过的话，父亲说的“曾经被日本人抓去当过慰安妇”的雷某，他也认识。雷的儿子和他还是经常见面的熟人，于是朱某就想找雷的儿子聊一次，把父亲临终前所说的话告诉他。然而令朱某为难的是，他一直也想不好该怎样去开口跟一个儿子讲他母亲的这种事情。就这样，时间在犹豫不决中过去了一年。2003 年 11 月的一天，报纸上的一则新闻吸引了朱某的注意：一位 82 岁的名叫朴永心的朝鲜慰安妇来到了南京，她要为当年日军在南京犯下的暴行作证。这则新闻，令朱某又一次想到了父亲临终前对自己讲过的事情，于是他放下报纸，决定立刻就去找雷的儿子。朱某大着胆子对雷的儿子说出了这件事情。他遭到了雷的儿子的破口大骂。雷的儿子无论如何也不相信自己的母亲是日本人的慰安妇。

雷某，名叫雷桂英，78 岁，家住汤山镇汤山街。雷某的儿子名叫唐家国。

尽管不相信，但回到家里，唐家国还是拐弯抹角地向母亲说了这件事。听了儿子的话，母亲在沉默了很长一段时间后，对他说没有这回事的。母亲的话在唐家国的意料之中，但从母亲不寻常的神情中他也发现了更大的疑问。一天，唐家国和往常一样到巷口的那家烟酒店串门。这条街上的许多人都喜欢聚在这家烟酒店聊天，那天人们正在兴致勃勃谈论的是当年日本人在中国干下的种种坏事，但就在唐家国跨进门时，大家立刻沉默了。这以后，唐家国有好长一段时间没有再去巷口的烟酒店，他隐隐约约有些明白大家在自己面前沉默的原因。

唐家国再次向母亲提起了那件事情。这次母亲含泪问儿子，你是从哪里知道的？

雷桂英要儿子去把告诉他这件事的朱某带到家里来。朱某当着雷桂英的面，向她讲述了自己父亲临终前对自己所说的话，以及嘱托他要牢记住这些的整个情况。雷桂英痛哭起来……

开口之前，雷桂英再三问儿子唐家国：“儿子，我能讲吗？”

儿子说：“讲吧妈妈，这个不是你的错，也不是你的不光彩。儿子不会因为这个嫌你，所有的人也都不会因为这个看不起你，不要有顾虑，你讲吧，我、我老婆和孩子都支持你讲出来，这不是你一个人的事，也是为了和你有着一样命运的那些人，死去的，还有活着的。你讲吧妈妈，把日本人的所有恶行全讲出来。”

前面证人证言里提到的“高台坡”慰安所，雷桂英当年就曾是那里的一名慰安妇。雷桂英的声音让一段长达60多年的历史沉默被打破，她是南京站出来指证南京慰安妇历史的第一个慰安妇人证。

雷桂英：

唉，我本来不想讲的，这是丑事啊！我孙女都结婚了，重孙都有了。一想到那些事，心里就发抖。但又一想，都快入土了，我还怕什么？我要让后人知道这段历史……

我7岁时爸爸去世，妈妈祭坟时被人“抢”走(过去当地风俗，寡妇可以被人抢亲)，从此家里就剩下我孤苦伶仃一个人。开始，我被寄养在雷氏家族里，后来自己就出来流浪，从江宁上峰村流浪到了汤山镇。到了汤山镇不久，人家看我可怜，就被人“捡”回家当了“童养媳”。

日本人到汤山的那年，我9岁。

一到白天，汤山炮院、戴笠楼的鬼子就下来了，进村找花姑娘。当时家里条件好的人家就挖个地洞，一听到鬼子“吧嗒吧嗒”的马蹄声，就把自己家里的姑娘下到地洞里藏起来，一日三餐送给她吃。往地洞里躲的时候，行动迟就倒霉了。一次，有个孕妇没有来得及躲，结果被日本鬼子给强暴了后，强暴了以后，鬼子又用刺刀从下身挑开她的肚子，肚子里的还没足月的婴儿都哭开了。还有一次，一个老太藏在玉米秸秆堆里，听到鬼子脚步声后她吓得不停哆嗦，她一哆嗦秸秆也跟着动。鬼子一脚踢开秸秆堆，把她拖了出来，当时她的脸上涂着锅底灰，鬼子就又把她拖到池塘边，让她把脸上洗净。当日本鬼子发现她是个老太后，就一刀刺向她的后腰，再一刀捅向她的前胸，刺刀拔出后血“滋滋”地冲出来，像茶壶倒水一样。

要是见不到女人，鬼子就拿家禽家畜撒气，对着鸡、狗、牛、羊，“乒乒乓乓”开枪，鸡子打死后，就折断两根鸡大腿带到岗楼吃，鸡毛、鸡身扔下。

有一天，家里来了两个日本人，他们拔出刺刀在我脸上晃，威胁我如果不听话就一刀捅死我。我吓得直抖，不知道喊，但第一次很疼，他压在我身上，我用尽力气推他。反抗中，手臂破了，大腿根上被刺了。最后还是被强暴了，血淋淋的，就在灶屋里……

攻下南京城后，日军在城墙上欢呼。拍摄于南京抗日民间史料陈列馆陈列的《日军攻打南京影集》。

那年，雷桂英 9 岁。

一个参加过南京战役的日本军官在他的回忆录中这样说：

“当年我们在南京强奸妇女，如同在两次战斗间隙抓紧时间大小便似的。”

“妇女被抢来后，一般按 1 个妇女分配给 15-20 个士兵。士兵们拿着盖有中队长图章的红券（当时日军中临时发的一种证明券），解开裤带排队等待着。”

“大部分强奸完了就杀掉。往往是强奸完一撒手，女人拔腿就跑，就从后面开枪。因为不杀的话会给自己惹麻烦。”

为了驱使士兵尽快攻下南京，当时日军上层把奸污中国妇女作为对士兵的一种“补偿”。于是日军所到之处，下至八九岁的幼女，上到六七十岁的老妪，以及大腹便便的孕妇，尽遭奸污。据当年的一些幸存者回忆，在南京，当时只要像样一点的房子，就驻有日军，而那个地方就成为中国妇女受辱的地方。而民间慈善团体崇善堂在收埋的 11 万 2 千余具尸体中，就有 2 千多具女尸，这些女尸大多数是赤身裸体，她们都是被奸污后杀害或强奸致死的。有一个 20 岁左右的女尸，内裤上部还在，两手紧抓着裤腰，眼睛被挖去，耳鼻被割掉……

雷桂英双手扒开拢在脑后的花白头发，老人头顶上现出两三块一元硬币大小、泛着红色的硬痂，她告诉记者：“疼，头不能往上抬，会晕，日本人用枪托砸的。”

接着，她又撩起裤子，左腿根上露出一条十几厘米长的刀疤，“当时，我反抗，被他们用刀子捅的。好了以后，走路就一拐一拐的，老跌倒。”

雷桂英：

第二次也是在家，正跟几个小女孩在玩，突然 6 个日本兵闯进了家门，不由分说把我们拽到一个大的空房子里，命令我们脱裤子，然后强行摁到地上。小女孩哭，撕心裂肺，有的就爬不起来……

第三次，还在家里，疼得直哭。完事后，日本人嚷嚷着还要找“花姑娘”……

第四次，和小伙伴们去挑野菜，突然看到楼上一扇窗户被打开，一个日本兵在向我们招手，几个大点的女孩撒腿就跑，由于我人小，没跑出几步就被下楼的日本兵逮着了，拖上去又一次被强奸。

第五次，由于没有吃的，自己一个人出去挖野菜，没想到，被一个骑着马的日本人撞见了，在野外的草地上，鬼子将我摁倒施暴……

进慰安所前的 4 年，尸体见得多了，尤其是下身赤裸的女人尸体，田头、破房子里、柴草堆旁都有。日本人巡逻，见了女人就抢……

13 岁时，雷桂英饥寒交迫，还时时要躲着日本兵，这时就有人对她说想帮她找份工作。雷桂英说，“我不要钱，只要有吃的就行。”

于是她被介绍到了一户日本人家里去带小孩。然而到了那户日本人家里以后，雷桂英才知道自己进的这是一家慰安所。当时，这家慰安所在汤山街上规模并不算大，相比邻近一家较大的慰安所，要冷清不少。但即使这样，雷桂英仍然被逼迫着一天至少接待三四个日本兵，而多时，雷桂英说："尤其是周末，鬼子们就排队进来，一个个猴急得不行，死折腾，疼得我直叫！"

雷桂英:

我是被骗去当慰安妇的，说是给开慰安所的日本老板带小孩，有吃有喝，谁知一进去，就被强迫接客。那是1941年八九月份，红薯熟的时候，我13岁。唉，你不知道鬼子那个畜生样，一张大通铺，五六个姊妹同时接客，后面一队鬼子等着进来。

当时汤山镇上共有两家慰安所，我所在的这家在高台坡，规模小些，一个人字形屋梁、青砖民房改建的，10多个慰安妇，大多是抢来的。另一家在汤泉东路60号，是日本军人俱乐部，规模大得多。

我在高台坡慰安所里平均每天被四五个鬼子糟蹋。要是星期六、星期天，一个鬼子班长能带10个人一起来，一下来了三四十号人，姊妹们就遭罪了。进去不久，一个姊妹就被折磨死了，床上一大摊血。日本老板见怪不怪，就招呼人拖出去埋了。有的姊妹接客太多，肚子肿得好高，日本老板就用脚踩平，命她继续接客。刚进去的时候有十三四个姊妹，期间鬼子还不断抢人来补充，但一年半后就剩6人了，其余全给弄死了。

从小在汤山长大的89岁高龄的唐家议老人说，当年，日军占领汤山后，83医院、炮校、戴笠楼里全是日本鬼子，汤山因此也设立了许多慰安所，除了雷桂英讲到的这两家慰安所外，还有几家。天天从慰安所里面传出鬼子的笑声，还有妇女们的哭叫。

雷桂英是在1943年的春天，从慰安所里逃出来的。一天晚上，她谎称上厕所，然后从慰安所的后门逃了出来。

抗战胜利后，雷桂英获得了新生。被强奸、当慰安妇的痛苦经历，让雷桂英一直拒绝接近男人。后来有好心人劝她说，你一个人无依无靠、孤

上海崇明朱巧妹家的老屋。

苦伶仃的，该找个男人成个家。雷桂英听从了好心人的劝说，几年后与人成婚。婚后，丈夫对她很好，但她一直不能生育，于是他们收养了两个孩子，组成了一个四口之家。1982 年，雷桂英的丈夫病逝。

雷桂英：

我当过慰安妇，我愿意把我的经历公开，将它告诉所有的人。那不是我的错，我要日本人向我道歉，还我清白。

几乎就是在雷桂英公开了自己的那段历史并要日本人“还我清白”的同时，在离雷桂英家 300 公里的上海崇明，另一位老人喃喃着“不清不白活了一辈子”这一句话，含怨离开了人世。

这位老人叫朱巧妹。朱巧妹 1910 年 11 月 7 日出生在上海松江县小昆山西门，年轻时曾在上海的商务印书馆里做装订工。1928 年她与一个名叫周守文的男子结婚。1932 年“一·二八”事变爆发，日本人炸毁了商务印书馆，失去工作的朱巧妹随丈夫离开上海，逃难到了崇明庙镇。

来到崇明后，朱巧妹和丈夫开起了一家名为“永兴馆”的小饭店来维持生计。“永兴馆”规模不大，但当时生意不错，于是他们夫妻俩在崇明过起了安逸的小康生活。

然而，好景不长。1937 年上海沦陷。1938 年春天，日军占领了崇明。从此朱巧妹家的平静生活彻底结束了。

日军占领崇明后，就在庙镇建造了炮楼，并驻扎有一个中队的日军。炮楼里的日军常常出来骚扰村民。有一天，几个日本兵端着枪冲进了“永兴馆”，并将已有三个月身孕的朱巧妹强暴。从此，日本兵就成了“永兴馆”的常客，他们威逼朱巧妹等镇上七名女子组成“慰安组”，长期为他们提供性服务。这七名女子又被称作“七个姐”：她们是周海梅（梅姐）、陆凤郎（凤姐）、杨七姐（七姐）、周大郎（大姐）、金玉（玉姐）、郭亚英（英姐）和朱巧妹（巧姐）。“七个姐”平时住在家中，由翻译临时指派，或被叫去据点，或日军进其家中施暴。“七个姐”中，有四位和朱巧妹同是一家人：梅姐是朱巧妹的婆婆，凤姐是朱巧妹婆婆的妹妹，而大姐周大郎则是朱巧妹的远房姐姐。

朱巧妹的丈夫周守文不堪忍受妻子及家人遭受日军侮辱，就参加了当地的抗日游击队，后来他被日军抓住，活活打死。

朱巧妹生前曾对日本政府提出索赔起诉，但她没有等到胜诉的那一天。朱巧妹于 2005 年 2 月 20 日在上海崇明县庙镇家中去世，终年 96 岁。

那么，雷桂英能等到那一天吗？

（本章采访于 2005 年）

第 13 章

蔡爱花和亚初姑娘

“每到星期天，成群结队的日本兵就带着罐头和酒，大摇大摆地走进慰安所，一边拉着慰安妇大吃大喝，一边侮辱她们。”一位当年家住澄迈慰安所附近的老人这样回忆说，“因为慰安妇人数不多，往往一个慰安妇要接待几个甚至十几个日本兵。当时，日本人往往会把本地籍的慰安妇调往外县服务，而在澄迈服务的慰安妇多数是外县来的。因为她们与外人接触的机会特别少，所以外面人都不知道她们的籍贯和名字。日本人投降以后，这些慰安妇才回家，她们中现在多数人应该都不在人世了，就是有少数还活着的，她们往往也会隐姓埋名，你根本无法知道下落。”

1939 年冬，日军占领了澄迈县。为减少战争成本，以战养战，日军肆意闯入中国的平民百姓家中掠夺粮食财物，并美其名曰“就地征集”。在“就地征集”过程中，女人也是他们的“征集”对象。日军所到之处，只要发现稍有姿色的妇女，他们便将其“征集”走。当时海南日军在澄迈驻有几个中队，每个中队都设有一个慰安所，每个慰安所里的慰安妇有 30 人左右。

蔡爱花就曾是当年驻澄迈日军慰安所里的一名慰安妇。

蔡爱花，生于1926年，海南省澄迈县中兴镇人。15岁起成为日军慰安妇，后逃出，一直藏身于深山中，直至日军投降。精神几近崩溃。

蔡爱花：

那天我正在晒谷场上晒谷子，和我大哥。

是十月份。

日本兵在晒谷场上看到我时，就跑过来用手抓住我的头发，“姑娘啊”“姑娘啊”地叫。他们抓着我的头发把我提了起来，我只能脚尖着地。当时，我很害怕。日本兵要我和我哥哥一起跟他们走，他们用刺刀指着我们。在附近的伯父也被日本兵抓了。我们跟着日本兵走，哥哥和伯父每人挑着一担谷子。还有其他几个村里人也被抓了，他们挑着日本兵从村里抢来的东西。就这样，日本兵押着我们去军部。当时，日军在这一带共有 4 个军部，一个军部有 200 到 300 个日本兵，总部在福来。从我们家里到福来要走一个多小时。到了军部后，哥哥和伯父就被放了回来，而我被关了起来。哥哥和伯父还没有走远，日本兵就开始对我进行强奸……

就在蔡爱花被日军抓走的那一天，邻村另一位叫亚初的姑娘则被日军摧残致死。

一位当年曾亲眼看见亚初姑娘惨遭日军摧残的幸存者这样回忆当时的情景：“……亚初姑娘走到村口时，正遇着一队日本兵从村里走出来，日本兵见她漂亮，就把她围起来，先是调戏，后来强行将她拖到就近的农屋里，扒光了她的衣裙后，又把她一丝不挂地绑在竹床上，从军官到士兵轮流糟蹋亚初姑娘。亚初姑娘拼命挣扎，大声喊着救命。她的父母以及乡亲们闻声赶来，他们朝这些日本官兵求情，可他们遭到了殴打。他们只能眼睁睁地看着亚初姑娘受侮辱。日本兵在轮奸亚初姑娘时，还抓了村里的村民符目昌，强迫他挑水来洗姑娘的阴部秽物，奸一次，洗一次。开始，亚初姑娘还大声反抗，后来声音越来越小，再后来就什么声音也没有了。日本兵干完了坏事以后，就走了，亚初姑娘的父亲急忙冲进屋里去救女儿，这时只见亚初姑娘七窍流血静静地躺在床上，已气绝身亡。村里的男女老少看到这样的情景，都流下了眼泪。”

蔡爱花：

哥哥和伯父听到我遭强奸时的哭喊声，就发狠说等日本兵少一点的时候，

“……日本兵强奸我的时候，我反抗了，他们就用刺刀指着我的喉咙说要杀了我。最后我还是害怕了，就不敢再反抗。”蔡爱花躺在床上这样讲述着。多年来，蔡爱花一直卧病在床。

找一些人来杀了他们，再割下他们的肉来吃。那时我才 15 岁，三四个日本兵轮着强奸我。我被关在一个用木板钉成的房间里，房间里还有其他五六个姑娘。日本兵不许我们出来。有人送饭到房间。第一次我被关了一个多星期，每天都有两三个或者四五个日本兵来强奸，不让他们强奸就挨打，用手打脸……现在想起这些事，心里太难受。一个星期之后，家里人挑着稻谷去把我赎了回来。日本人的马吃稻谷。赎回来不久，日本兵就又到我们家来把我重新抓回去了。这次被抓去，日本兵强奸我的时候，我反抗了，他们就用刺刀指着我的喉咙说要杀了我。最后我还是害怕了，就不敢再反抗。父亲和母亲的眼睛都哭瞎了。后来村长就和我哥哥再挑稻谷去日军军部，把我又一次赎了回来。

这次到家以后，蔡爱花立刻躲进了山里，一直到日本投降以后才出来。

（本章采访于 2002 年）

第 14 章
新盈慰安所

新盈，即现在的海南省临高县新盈镇，位于海南省西北部。

下面是宋福海关于新盈慰安所的回忆。宋福海，生于 1927 年，海南新盈人，曾在新盈慰安所里干杂工。

宋福海：

1940 年 1 月 5 日，日军在现在的新盈镇红民街这儿设立了一个慰安所。慰安所原是 3 间民房，经改造，其中两间用木板隔开，住着 4 名慰安妇，另一间居住着管理人员，管理人员是两个日本中年妇女。慰安所的后面还有 3 小间低矮的瓦房，一间为饭堂，一间为洗澡室，一间给杂勤人员居住。

慰安所里的所有人员，都做了分工安排。两个日本中年妇女直接管理 4 名慰安妇及勤杂人员。慰安妇都是美貌姑娘，年龄都在 20 岁左右，其中一个朝鲜人，一个新加坡人，这两人都是日军在新盈登陆后才从日本司令部送来的。一个姓屠的姑娘，是从海口送来的，一个姓刘的姑娘是在当地抓来的。我当时仅 12 岁，在那里干扫地、烧开水、煮饭这些杂活。

慰安所直属派遣队，受队长川岗领导。川岗为管好慰安所，定了好多规定，这些规定里有：慰安妇不能随便走出慰安所；不准逃跑，逃跑的话就会连累家里人一同被杀；要听口军的话，叫干什么就干什么，对日军不得无礼；要完全服从两个管理员的管制，不然的话要重罚；官兵无论什么时候需要服务，都要无条件地顺从……

川岗规定每个慰安妇每天接待二三十人。慰安所的门口每天都排着长长的队。慰安妇们常常通宵工作。

川岗会派军医给慰安妇定期体检。

慰安所里从当地抓来的那个姓刘的慰安妇，是一户渔家的独生女，18岁，眉目清秀，身材也好。刘姑娘是在出门去洗衣服时，被正在巡逻的川岗抓住关进慰安所的，记得那天正是慰安所设立后的第十天。进了慰安所，一个日籍女管理员，用半生不熟的中国话对刘姑娘宣布：从今天起，你就是一名慰安妇了，要严格执行制度。日本管理员刚出去，就进来了一个日本中年军人，强奸了刘姑娘。

这一天，刘姑娘先后遭到了几十名日军的糟蹋。第二天早上，刘姑娘躺在床上起不来，又有一个日本军官过来要她接待，于是刘姑娘就向军官说了自己身体不行，不能接待。但军官硬是不听，非要刘姑娘接待不可。刘姑娘不从，于是日本军官就毒打刘姑娘，姑娘被打得不省人事，最后还是被军官强奸了。

慰安所里其余三个慰安妇的命运，与刘姑娘的也都一样。

（本章采访于2002年）

第 15 章

冷风苦雨中的爱情

1937 年 11 月 20 日，在上海沦陷、南京危急之际，国民政府发布《国民政府移驻重庆宣言》，决定将首都迁往重庆。但是，出于对日作战的需要，加之武汉所具有的重要战略地位，国民政府并未立即迁往重庆，而是以武汉为中心，继续坚持抗战。此前，国民政府的中央、中国、交通、农民四大银行已先行迁至武汉。南京沦陷后，国民党中央党部与国民政府军事委员会、行政院、监察院、外交部、财政部等部门以及主要的党政军首脑要员们都还留驻武汉，而各在野党派、社会团体以及各国驻华使节等这时也都迁往武汉。于是，当时的武汉便成了全国的政治、军事、外交、经济与文化中心，成为中国事实上的“临时”、“战时”首都。

1938 年 10 月，各路日军突破了国民党军的外围防线，逼近武汉。10 月 22 日，长江南岸地区相继失守，10 月 24 日，日军已对武汉形成了东、北、南三面包围的态势。在这种情况下，武汉已经很难坚守。蒋介石在日记中这样写道：“此时武汉地位已失重要性，如勉强保持，则最后必失，不如决心自动放弃，保全若干力量，以为持久抗战与最后胜利之根基。”实际上，早在 9 月底，蒋介石和国民政府军事委员会为了保留继续抗战的实力，就放弃了死守武汉的计划，并开始有步骤地分批撤离党、政和地方政府机关，疏散城内的老百姓。10月24日，蒋介石正式下达放弃武汉的命令。国民政府军事委员会在武汉举行中外记者招待会，郑重宣布“我军自动退出武汉”。24日晚，作为战时最高统帅的蒋介石和宋美龄乘飞机离开武昌飞往湖南衡阳。临行前，蒋介石下令：“将凡有可能被敌军利用之虞的设施均予以破坏！”这道“焦土抗战”的命令，使武汉整整燃烧了两天。同时，武汉城内中国守军按计划开始撤离，至25日夜全部撤离市区。10月25日至27日，日军先后进占汉口、武昌、汉阳，武汉三镇相继沦陷。至此，中国最大的七座都市已全部落入日军之手！

武汉沦陷半个月后，日军即在南洋大楼背后的积庆里开设了慰安所，并安排军医设立汉口特殊诊疗所，专门为慰安妇治疗性病。

据当时有关数据统计，1943年，积庆里有日本籍慰安妇130名，朝鲜慰安妇约150名；日本籍慰安妇年龄多在20到30岁之间，来华前多当过娼妓、艺妓和女侍；而朝鲜来的多为贫苦人家的纯洁少女，被以找工作为名骗来汉口。这些慰安妇每人每月平均要接待约150名日军官兵，积庆里慰安妇每月接待合计约42000人次日军。慰安妇接待的日军级别，按兵、士官、尉校的比例大致为6:1:1。日军更高级别的军官，大多去位于民生路右侧的将校俱乐部，那里有更好的艺妓。

日军在汉口的联保里、立品里、华中里等地，包括南洋大楼，开设有27家慰安所。再加上武昌的紫阳湖、粮道街、三道街等地，日军在武汉开设的比较“正规”的慰安场所超过30家。

而更多的中国女性，则被强掳或骗到日本军营中的临时慰安场所。

据当地的一些老人回忆，每到周末，驻扎在附近的日军士兵会纷纷前往慰安所，他们交6元钱，即可进去“快乐”半小时。往往还没有进门，日军士兵就把衣服脱得只剩一条兜裆布。进里面后，淫荡的笑声老远都听得见……

袁竹林：

1938年6月，日军开始进攻武汉。这时我的丈夫到大后方去了，我无处可逃，只得留下。

行军途中的日军士兵（南京抗日民间史料陈列馆收藏照片）。

丈夫去了四川，一直没有消息，时间长了，婆婆看我不顺眼，她认为我在家是吃白饭，便强逼着我嫁出去，反正儿子也不会回来。这样我就与刘望海结了婚。第二年我 17 岁时，生下一个女儿，取名荣仙。这是我一生中唯一的亲骨肉。刘望海的工作也不稳定，为了活命，我也出去帮人做佣工。

由于日军侵略，兵荒马乱，经济萧条，常常找不到工作。

1940 年春，有个武汉当地的女子叫张秀英的在到处招工，说是到湖北其他地方的旅社去做清洁工。原来我并不认识这个 30 多岁的张秀英，但找工作实在不易，听张秀英说有工作做，我也报了名。报名时，有好几个小姑娘。我当时 18 岁，身高 1.6 米，长得比较清秀，在同去的七八个女青年中，我是最显眼的。

袁竹林 1922 年农历五月十六生于武汉，父亲袁胜阶，母亲张香之。由于生活贫困，父母无法养活女儿，袁竹林在很小时就被送人，做了童养媳。

袁竹林在 15 岁那年结了婚，丈夫王国东是个汽车司机，婚后的生活虽不算富裕，但他们夫妻恩爱，日子过得也还不错。然而他们的新生活才刚刚开始，无情的战火却已经烧到了武汉。

袁竹林的丈夫王国东送物资去大后方，从此没有了消息。

袁竹林：

后来才知道，这个招工的张秀英不是个好东西，她的丈夫是个日本人，会说些中国话，当时正根据日军的命令，准备弄些中国妇女组织慰安所。张秀英的丈夫中等个头，平时不穿军服，着西装，黑皮肤，眼睛鼓起，人称金鱼眼，当时的年纪约 40 岁。

我离开了第二个丈夫刘望海，从江边坐轮船往长江的下游开。一开始，我的心情是很愉快的，想着终于找到了工作，吃点苦，将来总会好的。

就在袁竹林坐轮船往长江下游走的同时，也有一艘轮船正从南京出发驶往武汉，这艘轮船上除了装着日军作战用的武器物资外，还装有从朝鲜来的几十名年轻漂亮的姑娘，其中有一位来自朝鲜的平安东，当时她 18 岁，名叫朴娥姬。

朴娥姬现在的名字叫毛银梅，今年 84 岁，就住在离武汉不远的孝感市三汊镇，讲着一口地道的本地话。

毛银梅：

小时候家里穷，自己父母去世早，一个 4 岁的妹妹就给了人家，人家怕她知道家里，就搬走了。自己就跟着外公外婆长大，到了 17 岁以后，外婆就准备把我许给人家，也就像中国的童养媳那样。我不愿意，自己就想到外面去闯荡一下，最后就听日本人说到中国去可以进工厂上班。自己家里在农村，很想进厂的，就跟日本人来了中国。

从朝鲜到了中国的北方，又从中国的北方，坐车到了南京，再从南京坐船往武汉。当时江上有轰炸，就下了船上岸，坐火车到了汉口火车站。

最后到了武昌。当然不是进工厂。进了慰安所。

毛银梅，原名朴娥姫，生于 1922 年，原籍朝鲜平安东人，现住湖北省孝感市三汉镇。18 岁起在武昌一日军慰安所当慰安妇，日本投降后，她逃亡至孝感市三汉镇，和当地一农民结婚。

袁竹林：

大约开了一天，船到了鄂州。一上岸，就有日军士兵过来，将我们带到一个庙里。原来日军把这个庙改做了军队的慰安所。门口有日本兵站岗，我到了门前，看到凶神恶煞般的日本兵，吓得不敢进去。这个时候，我和同来的小姐妹多少猜到一点，大家便要求回家，我边哭边叫道：这里不是旅社，我要回家。但日本兵们端着刺刀不容分说就把我们赶了进去。刚进慰安所，老板就命令我们立即将衣服脱光，以便检查身体。我们当然不肯。张秀英的丈夫就带人用皮鞭抽打。张秀英还指着我，凶狠狠地训斥道：你是游击队员的老婆（袁竹林的第一个丈夫去了后方四川），老实点。身体检查很快，因为我们都是良家妇女，根本没有什么性病的。检查后，老板给每个人取了个日本名字，我被叫作“吗沙姑”。

我们每个人分到一间房，大小大约七八个平方，里面只有一张床，一个痰盂。

第二天早晨，我的房门口挂了一块六七寸长，两寸宽的木牌，上面写着“吗沙姑”。在慰安所的入门处也挂着很多这样的牌子。这天的上午，门外就来了大批的日本兵，他们在每个房间门口都排起了长队。当天，我足足受了10名身强体壮的日本兵的蹂躏。一天下来，连坐也坐不稳，下身疼痛得像刀割一般。

毛银梅：

慰安所的后面有山，两层的木头房子，有十几个慰安妇，一人一间房，也有两个人一间房的，周围是营房。

那时候，刚刚来，非常想家。家里也在山区，出门走不多远就是山，山很多很好看，高的、低的，秋天的时候，满山遍野都是颜色……想家的时候自己会哭，就告诉自己要争气，不去想。

我问老人，现在还会想起老家吗？毛银梅说，现在还在想。再问她想不想回家看看，她就流泪说：不回去，没有脸面回去，自己对不起家里。

袁竹林：

此后，每天的生活就是被日本兵糟蹋，做他们的性奴隶。一般，日本兵要买票进入，但要多少钱，我从来没有看到过，更不用说从来没有得到过一块钱。每日三餐由老板雇佣来的一个中国男人烧，很差，又少。受了蹂躏后的妇女要洗澡，只能在厨房的木桶里轮流洗。这个慰安所的中国慰安妇总共有好几十人。

一个日本兵进入房间，在里面总要半个钟点。晚上我们也不得安宁，常常有军官要求陪夜。1小时、2小时，甚至整夜的都有。来了月经，老板也不准休息，日本兵照样涌入房间。刚进入慰安所，老板就拿着一种白色的药片，说吃下去就永远不会有痛苦了。实际上，这是避孕药。开始，我常常将这种白色的药片扔掉，后来，老板发现我们都不吃，就看着我们吃下去。日本人规定，士兵必须要用避孕套，但很多士兵知道我是新来的良家妇女，不会患梅毒的，便欺负我而有意不用避孕套。经过一段时间后，我就怀孕了。

怀孕后，日子更苦了。我心想这样下去，早晚要被日本人弄死了。但我不能死，我家里还有父母亲。便暗中与一个被日本人叫“留美子”的湖北女子商量，决心要逃出去。一天，我们瞅了个空就逃。结果刚一逃跑，马上就被日本人抓了回来。日本人将我的头死命地往墙上撞，撞得鲜血直流。从此就落下了头痛的毛病。由于有了身孕，被迫做“青蛙跳”自然堕胎。堕不下来，又服药打胎。这样时间长了，后来我就不能再怀胎了。

大概从一开始，军官藤村就看中了我。藤村大约是鄂州日军的司令官。最初他和其他日本兵一样，来买票玩弄。后来，便要老板将我送到他的住所，从此独占了我。看起来，这下我比起那些姐妹要轻松了些，但是，我同样是没有自由的性奴隶。

后来，藤村玩腻了我。这时有个下级军官叫西山的，对我好像很同情，便请求藤村把我让给他。藤村同意了。于是，我被西山领到了他的驻地。这是一种非常奇特的经历，我一直认为西山是个好人。

毛银梅：

我在那时学会了吸烟，还有喝酒。那时经常有轰炸，有时吃饭的时候，还有接待客人的时候，炸弹就落下来，我们只好到处躲。那时就没打算自己能够活下来，每天非常害怕，就吸烟喝酒……

袁竹林：

1941 年左右，我得到西山的允许，回到家中去探望父母。到了家里才知道父亲已经离开了人世。原来，我父亲长得矮，加之年迈，去找工做，也没有人要他，结果竟被饿死。

我想去找刘望海，也不知他在哪里。我没有地方去了，只能又回到鄂州，仍

嵌在木框里的日军士兵遗像（拍摄于南京抗日民间史料陈列馆）。也许正是由于对死亡的恐惧，才使得许多日军的行为变得愈加疯狂，愈加毫无人性。

与西山住在一起。1945年8月，抗日战争结束时，西山要我要么跟他回日本去，要么一起去石灰窑（今黄石市）投奔新四军。对这两条道路，我都拒绝了，我说："我要去找妈妈。"

西山是个好人。他当了15年的兵，没有什么钱，衬衫也是破的，他曾对我讲，一次，他把日军的给养船弄了个洞，沉了。西山看到中国人因为贩卖私盐而被日军电死，十分同情，他便偷偷地把一包包的盐送给中国人。不久，西山果然走了，从此就再也没了音信。

西山是回国了？还是投降了新四军？半个世纪以来，袁竹林都在打听西山的下落，但她始终没有得到过关于西山的任何消息。

在经历了日本长达七年的法西斯统治后，武汉终于回到了中国人民手中。战争结束后，袁竹林回到了武汉，但等待她的并不是她渴望的平静生活。

毛银梅：

日本人打败了仗，要撤离武汉时，我们被从武昌送到了汉口。日本人把我们集中在一起，说要送我们回朝鲜。路上还在打仗，火车上装着被打坏了的汽车。我害怕，怕被日本人再骗了，路上停车的时候，就找了个机会偷偷地跑了。和我一起跑出来的还有两个，也是朝鲜的，她们当时比我大，这两个人不知道到哪里去了。我跑到了姑嫂树，当时我不会说中国话，就像个哑巴。

就在姑嫂树，我遇到了黄仁应。为了生活，有得饭吃，就跟了他。他当时在他舅舅家帮工。在黄仁应的舅舅家住了个把月，9 月份就跟黄仁应回到了三汊镇。本来黄仁应家住在三汊镇的镇上，我不愿住镇上，就要去乡下，黄仁应就和我到了大黄湾。在这里他给我重新起了名字，叫毛银梅。在大黄湾我们一住就是六七十年，从来没有离开过。黄仁应 1996 年 83 岁的时候去世了。

黄仁应是个好人，脾气好，我的脾气不好，他让着我。几十年来，在村里跟着他一起劳动，家里算还有饭吃。

再穷的时候，我都相信毛主席，他为穷人好，我爱毛主席。

我不会生孩子，看到别人家有孩子，就想要个孩子。1952 年我们抱养了个孩子，是女孩。

村里人也对我挺好。

大黄湾人早就把这个几十年前流落到此的异国女人当作了自己的一员。毛银梅自从丈夫十几年前离开人世后，就一直一个人生活，她也早就把大黄湾当作是自己的家了。去年湾里修路缺钱，毛银梅把自己积攒下的一百元钱捐出来修路，人们不要她的钱，说湾里有钱的人都不愿捐，你这么大年纪了，这路你还能走多少？但毛银梅执意要捐。她的这一行动感动了许多人，后来大家都纷纷捐款。

当年日本人离开武汉时，从慰安所里逃出并留在当地的慰安妇，远不止毛银梅一个人。在和三汊镇大黄湾村毗邻的孝感市祝站镇，就还有一位叫朴必莲的朝鲜籍慰安妇。当年朴必莲从驻武汉日军的一所慰安所里跑出后，一路讨饭，来到了祝站镇桂陈湾，后来她嫁给了死了老婆的村民朱传寿。朱传寿家当时的日子很难过，还有个 6 岁的儿子。朴必莲在 1994 年去世，那年她 70 岁。

曾在祝站镇工作过的毛继方老人至今都还对朴必莲的印象很深，他说她的中国话说得不是很好，每次吃饭的时候看见你，她就会用朝鲜话打招

朴必莲在武汉时拍摄的照片（照片下方的字为：武昌显光楼照相）。

呼："趴平么佳"。"趴平么佳"是和老人打招呼的，和孩子她就说："趴平么西喔"。而邻村的一些老人也都还记得困难时期，朴必莲带着朱传寿的儿子到他们村来借粮或讨饭时的样子，她个子很高，很瘦，长脸，五官很端正。

袁竹林：

日本人投降后，我回到了母亲的家乡——离武汉不远的一个村子里，与母亲一起靠给人洗衣、做临时工维持生活。1946 年，从朋友那儿抱养了一个出生只有 70 天的女孩做养女，起名成妃。1949 年武汉解放后，我回到了武汉，住在吉祥里 2 号。

一天，我看到了把我与其他姐妹骗入火坑的张秀英。当时她与一个老头在开商货行。我马上去找户籍警察，至今我还记得这个户籍警姓罗。但罗警察却给我浇了一盆凉水，他说这种事算了，没办法查。

现在，这个张秀英肯定死掉了。

本来，我与母亲的生活已经十分平静了，虽然内心也还会常常回忆起那段遭遇。但是，在一次里弄的忆苦思甜大会上，我母亲情不自禁地讲出了我被日本人逼迫成为慰安妇的经历。从此，我们的生活又不再平静。人们看到我，常常指着我议论，甚至有小孩追在我后面骂："日本婊子"、"日本婊子"。

就在这段异常难挨的时光里，袁竹林遭遇了一份温暖的情感经历。这份情感让她怀恋一生。

1998 年秋天，袁竹林向作家李碧华说出了这段封存在自己心底长达半个世纪的情感往事。这个情感故事里的另一位主人翁名叫廖奎。廖奎是四川人，解放初期，廖奎和袁竹林一样，也在武汉谋生。当时，知道袁竹林过去的人都会在背后对她指指点点，而她满腹的苦水只能往自己的肚里咽。就在袁竹林忍受着众人的歧视与不齿时，廖奎大胆地闯入了她的生活。廖奎理解袁竹林的痛苦，并且主动地接近她，安慰她。袁竹林这样说过廖奎："他非常有志气，人长得好，说话从不大声，不带脏话，也没说过一句刺激过我的话。我心里不愉快，受委屈，他非要把我安慰得不生气了，才出门去。"

不久，袁竹林和廖奎就住到了一起。

当时，袁竹林在世俗的眼光看来是个很脏的"婊子"，但廖奎不嫌她"脏"，也容不得别人轻视她。廖奎尊重袁竹林，把她看作好女人、自己深爱的妻子。正因如此，袁竹林一生都在感激廖奎……虽然他们在一起的时光异常短暂，但那是他们相濡以沫度过的最幸福时光。

1952 年，廖奎因负债无力偿还，被判服刑。

1958 年，袁竹林因为做过日军慰安妇被勒令下放黑龙江。

1960 年，袁竹林和廖奎在东北佳木斯劳改营匆匆见过一面，之后袁竹林又得知廖奎被送到嫩江密山一个建设兵团去支援边疆，从此两人劳燕分飞，杳无音讯……

袁竹林：

1958 年，居委会的干部指责我是"日本婊子"，勒令去黑龙江北大荒。我不肯去，居委会主任就骗我说要查核户口本和购粮证，结果，户口本和购粮证就被吊销了。户籍警察勒令我下放，我被迫去了黑龙江。房子也被没收了。

在米山建设兵团整整待了 17 年，种苞米、割大豆，天寒地冻，没有柴取暖；而且一个月只有 6 斤豆饼，养女饿得抓泥巴吃。

有个股长叫王万楼，我永远记得，他看我实在太可怜，便帮助我办理了手续。我终于回到了武汉，这时已经是 1975 年了。

现在，政府每月给我生活费120元，养女每月给150元。养女和我一样，也退休了。我的身体早就被彻底给毁了，几乎每日都要头痛，头痛时不能入睡，安眠药一把一把地吃，每晚也只能睡2小时，大半夜就这么坐着，等着天亮。

我这一生，全毁在了日本鬼子的手里了，如果没有战争的话，我与丈夫王国东也不会分离。

晚上经常做噩梦，梦中我又回到了那个地方，那真是人间少有的苦难啊！

我已经没有几年活了，日本政府应该尽快赔偿，我等不及了！

这么多年来，廖奎的生死一直困扰着袁竹林，在和作家李碧华交谈时她流露出了自己迫切想找到廖奎的愿望。李碧华通过网络向更多的人讲述了袁竹林和廖奎的这段爱情故事。许多人为袁竹林和廖奎的真情所打动，参与到了帮助袁竹林寻找廖奎的行动中。

在还没有廖奎的任何消息之前，袁竹林曾经说："如果他还活着，如果他有家了，我绝对不会破坏！我看到他现在很好也就安心了。"又说："万一他没工作，没钱，不能来，我去看他。我会想办法，就是行乞，乞了路费也去。见了，10块、20块、100块，可以给他，表示心意。"最后袁竹林还说："真能找着，他也是孤人的话，我们岁数大了，死在一堆也行。"

在众多热心人的帮助下，终于有了廖奎的消息。1961年，廖奎被送到黑龙江嫩江农场的深山密林中劳改。在嫩江农场劳改期间，一次因过度劳累，廖奎在劳动中不慎将腿摔断，造成三级肢残。1980年，廖奎离开东北。由于年龄大了，加之腿脚不便，廖奎想身边有个照应的人，1991年他与人结婚。现有廖奎和老伴住在山东省淄博市。

73岁的廖奎得知袁竹林还在苦苦寻找自己，不禁泪流满面，他说："这些年她一定吃了太多苦，我非常想念她。"

在各自经历了数不清的凄风冷雨后，这对阔别半个世纪的老人终于再次相见了……

（本章采访于2006年）

第 16 章

家住湘潭

湖滨村在岳阳市区的东北部，从市区乘车到那里大约需要半个小时。

送我去湖滨村的是一位当地的朋友，这些年他一直在研究和收集岳阳地区的抗战史，也一直在帮助那些当年曾参与那段历史，如今还活着的见证人。他说作为抗日战争时期湖南战场的前沿阵地，岳阳地区曾屯过 12 万日军兵力，那段历史在这里还有许多被埋没和未得到充分解读的内容。一路上他都在和我聊着有关这段历史的新发现以及那些老人的故事。

2012 年年初，在岳阳县新开镇枫树村，一处日军慰安所遗址被发现，附近有户村民家至今甚至还有一条日军草绿色的军毯，日军投降后匆忙撤退，丢下不少东西，军毯是这户村民家的老人当年在慰安所里捡的。据枫树村岩泉胡屋场有些上年纪的老人回忆，1939 年下半年，日军经过这里时，大人和小孩大多跑光了，只剩下 12 个裹小脚走不动路的老年妇女，结果她们被日军赶到后山全部杀了（日军在那里杀了很多人，抗战前枫树村岩泉胡屋场有 1000 多人，抗战胜利后那里仅剩 400 多人）。后来，日军在枫树村办起了维持会，并设有宣抚班（日本军队中向沦陷区人民进行反动宣传和奴化教育的一个机构）与慰安所。许多老人至今还记得枫树村日军慰安所的样子，慰安所建在后山上，从正门进去，中间是堂屋，左右两边各有两间房。慰安妇大约有十几个，有本地姑娘，也有从外地被掳来的姑娘。

朋友还给我讲了一个名叫祥贞的慰安妇的故事，这也是他从枫树村调查了解到的。祥贞姑娘姓赵，是新开镇车塘村人，当年 20 岁出头，长得很漂亮。驻扎在枫树村的日军宣抚班班长叫冬田，他被祥贞姑娘的美貌吸引，对她非常喜欢，后来冬田就一直把祥贞姑娘霸占着。祥贞姑娘的心肠特别好，当时，宣抚班日军经常毒打老百姓，祥贞姑娘于心不忍，每次都到冬田面前说好话，她救过不少人。有个叫胡松林的老人至今还记得，他七八岁的时候，到后山去玩过几次（慰安所就在那边），有一次就见到了祥贞姑娘，她还和他说过话，拿日本糖果给他吃。1945 年，日军投降前夕，冬田被中国守军的大炮炸死，祥贞姑娘后来离开慰安所，解放后她一直住在岳阳城，在 20 世纪 90 年代去世。

日军曾在岳阳境内盘踞达 7 年，他们还在黄沙街、吴胡驿等许多地方设有慰安所。根据史料记载，吴胡驿慰安所于 1939 年 10 月设立，内有岳阳县妇女 4 人，湖北妇女 2 人，朝鲜妇女 8 人，该所由日军第十军所属的一个大队直接掌握，经费开支由维持会向群众摊派。朋友说，目前还在不断地有新的证人和证据被发现，那段历史到底还有多少不为人知的秘密等待被挖掘，这个我们可能永远不得而知。

我们来到刘慈珍老人家中的时候，她刚刚从几里路外的冷水铺街买菜回来。湖滨村水光潋滟，绿树成荫，叽叽喳喳的鸟鸣声，让它更显安静。

刘慈珍：

1942 年，记得那时已经进入冬季了，我奶奶带着我去走亲戚，住在亲戚家里。那天亲戚家办酒席，来了好多人。刚刚吃完饭，日本鬼子就来了。跑也来不及跑。我奶奶是小脚，她也跑不动。我奶奶抓住我，要我和她躲到阁楼上去。我跟奶奶爬（到阁楼）上去，日本鬼子后来就到了。他们把我和奶奶从阁楼上弄下来，奶奶被杀了……

日本鬼子把我带走，我只知道哭。后来随着日本人又换了很多个地方，想跑都跑不脱。

刘慈珍把话停住时，坐在边上的妯娌杨红久会立刻接着她的话头补充

刘慈珍，出生于 1928 年，湖南湘潭人。1942 年冬天，14 岁的她被日军带走，成为日军性奴隶，并随日军辗转多地。1944 年夏，被中国军队解救。现居住在湖南岳阳市。

上两句，杨红久说她（刘慈珍）是在湘潭老家被经过的日本鬼子带走，当时在和几个小孩玩叠石头（一种游戏），后来躲在阁楼上满脸涂着黑灰……杨红久比刘慈珍小几岁，两家住屋挨在一起，闲的时候杨红久和刘慈珍会在一起说说话，偶尔杨红久会向刘慈珍打听她过去的经历，刘慈珍不少事情都曾和她说过。

刘慈珍的讲述里没有太多的细节，但她不讲细节不等于是她忘记了那些细节，她忽略那些细节或许只是不想再让它们来伤害自己，不想再让那段经历复活过来。

心理学家彭聃龄先生在回忆自己的童年时写道："1943 年，日军经常派飞机轰炸湘潭，家的附近有许多防空洞，听到空袭警报，我们就赶快躲进防空洞，到解除警报后才敢出来。住在城里不安全，上学也经常受到影响。1943 年底，大人决定带我们躲到农村去。我们一家人先到了石潭镇，哥哥在镇上的一个学校读高小，我就进入红庙小学读初小三年级，那是一所设在旧庙里的学校，上课时经常可以听到神案后面老鼠跑动的声音。有时还有死老鼠从房梁上掉下来，把大家吓一跳。同学中流传庙里有黄鼠狼精，吓得大家放学后不敢一人留在学校里，早上也不敢一人提前来学校做值日，打扫卫生。半年后，我们先后搬家到张家湾、易家湾和郑家陇。就在张家湾和易家湾，我上了大半年私塾。这时日军已经占领湘潭，因为兵力不足，只能在一些市镇和交通要道处出没。在一次搬家的路上，我们遇到了日军，遭受过日军的搜查。据说那次日军发现了当地的游击队，就在我们离开日军岗哨后几百米，后面传来了机枪的扫射声，当时有没有人伤亡，我们不清楚。虽说我那时年龄还小，但也懂得在一个外敌入侵的国家，大人、小孩到处逃难，担惊受怕的苦难。”这段文字，可以让我们看到那个兵荒马乱中的湘潭在一个孩子眼中的样子。

刘慈珍那年 14 岁。

刘慈珍：

1944 年大约在 6 月，端午节的时候，我被中央军 32 师解救，后来跟随 32 师驻湘潭城郊姜畲镇。由于伤病，我在 32 师师部野战医院住院一个多月。因为我和家人已经失去联系，无家可归，又刚好那时医院缺少人手，所以病好了以后部队就让我去师部医院当了看护兵，负责给伤兵换药擦洗伤口。当时医疗条件很艰苦，伤兵很多。

日本投降后，就离开部队了。那时也不知道家里的情况是什么样，另外，自己受到过日本人长期的欺侮，也觉得没面子回家见人，所以离开部队后，就到处流浪，一路上要饭讨米为生。就这样一直来到了岳阳。

湘潭离岳阳只有200公里距离，但刘慈珍自14岁被日军从湘潭抓走后，70多年来她就再也没有回过那里。以前婆家人曾问起她是否还记得老家在湘潭什么位置？但刘慈珍每次都说“只知道是对河”！

也有村里人说，现在想起来，当初刘慈珍不说自己老家的位置，这有可能是她有意隐瞒，她怕人会因此知道她的过去。但也有一种可能是她真

刘慈珍卧室里摆放着的照片。

的不知道老家的地址，她说的“对河”，也许是她家所在的那个村名，或者乡镇名，在当时对一个十三四岁的不识字的小姑娘来说知道家所在的村子、镇子，但不知道家所在的是哪个县、哪个市这是有可能的。如果是这样，那么她离开部队后的到处流浪，其实完全是因为找不到家的迫不得已，那时她也只不过还是个 16 岁的孩子。

刘慈珍：

到岳阳后，有人为我找了个人，结了婚。一直对他隐瞒了被日本人抓去过的事，也一直没有生育。婆家后来还是知道了我过去的事情，见我已经生不了孩子，就将婆家弟弟的一个儿子过继给我，我把他抚养成人。

刘慈珍养子陈向阳说，他记得 1971 年的时候（陈向阳那年 16 岁），家里收到过政府的一封函件，函件上说了她的身世（当时应该是在调查她的历史），还说她有一个妹妹在江西萍乡。这时家里才知道她过去的情况。后来陈向阳和养父（刘慈珍的丈夫）陈寅洲到萍乡去见了刘慈珍的妹妹，她的妹妹也是后来到的萍乡。第二年，刘慈珍也到萍乡与妹妹见了面。这是她们姐妹继 1942 年失散后第一次见面。后来，刘慈珍的一位姐姐也被找到。

刘慈珍今年 86 岁，现居住于岳阳市岳阳楼区的梅溪湖滨村。

（本章采访于 2014 年）

第 17 章

被扔在河边的女人

天就这么灰蒙蒙的亮着。山上稀稀拉拉的树木，就像一只得了皮癣的狗身上的毛，一撮一撮的又枯又黄。山坡上，块石砌成的矮屋，一间间连成一片，它们又和坡上的石壁连成一片，远看很难分得清哪是石壁哪是石屋。屋顶和整个山坡都被染上了一层浓厚的霜，惨淡的日光照在上面，泛着灰白的寒光，就像一张失血的人的脸。

几户人家的屋顶上冒出了细若游丝的青白的炊烟。这个早晨已没有鸡啼，昨天，炮楼里的“皇军”已经把村里的最后一只鸡戳在刺刀上带进了炮楼。

进圭村寒冷的早晨，显得死一般的沉寂。

一条小路，像一道结了痂的难看的伤疤，弯弯曲曲着从村里延伸到山脚下的乌河边。

乌河上结着厚厚的冰。

这是 1944 年的冬天。经历过那个冬天的人都说那时的冬天要比现在的冬天冷得多。进圭村就在这个苍白而死寂的早晨里凝结着。

最初打破进圭村这个早晨死一般寂静的，是一阵叽里呱哇奇怪的说话声。伴随着这奇怪的声音，在那条小路的尽头出现了几个人。走在最前面的两个人一前一后抬着个赤裸的女人，女人的四肢和头发向下垂着，一直拖到地上，随着抬着她的两个人的脚步，女人的身体有节奏地上下颠簸着。在他们的后面，跟着两个穿着黄色军装，手里端着刺刀枪的日本兵，那奇怪的声音就是从他们的嘴里发出的。

端着刺刀枪的日本兵一边呵斥着前边那两个抬着女人尸体的人，一边跟着他们沿小路朝山脚下的河边走。这时已经日上三竿，日本兵枪口上的刺刀，还有那个女人赤裸的身体，在寒冷的日光照射下，发着同样的刺眼的光。

那个赤裸的女人终于被抬到了河边。河面上结着厚厚的冰。由于冰面太滑，那两个抬着女人的人无法走稳，于是他们就将女人的尸体放在冰面上，然后各拉住女人的一条腿往河的对岸拖。而两个日本兵就站在河岸上，叽里呱哇地指挥着。女人的身体上有许多血痕，在她所经过的冰面上留下了一条红色的长线。

两个人将赤裸的女人拖到了河对岸，他们把她扔在了河岸边的卵石滩上。一个人到不远处的河岸撸了几把枯草，准备用它盖住女人的身体。河对岸的日本兵叫嚷着不让，那个人就扔下了手中的草。两个人踏着冰面，又回到了河这边。那个去撸草的人，一边跟着日本兵走，一边还不时地回头，去看那女人。

女人就在河边上躺着，她的脸被披散的头发遮盖着。已经被冻成青紫色的身体上，可以看到许多伤痕。

女人就在河边上躺着，几条骨瘦毛长饥肠辘辘的野狗围着她转悠。偶尔有背着柳筐拣粪的人经过，他们会用手里的粪勺把野狗赶跑。

女人就在河边上躺着。那是1944年的冬天，那个年头，尸体到处都可以看到，赤裸的女人的尸体也不稀奇。

女人就在河边上躺着。终于有一条饿狗忍不住煎熬，它决定冒险。饿狗走到了女人的跟前，它在小心观察了一番后，终于对她张开大嘴，露出了长长的黄色尖牙……

就在这时，一块拳头大的卵石飞过来，狠狠砸在了狗的腰上。狗嘴里猛地发出一阵难听的“嗷嗷”声，然后就夹起尾巴跑开了。

一个手中拄着棍，腋下夹着粗瓷花碗的老人轻轻地来到了女人的跟前，他用手拨去了盖在她脸上的头发，也许他是觉得这不像是个死人，就将一根手指放到了她的鼻下。

他感受到了她那微弱的鼻息……

老人腋下的那只粗瓷花碗落在了脚边的卵石上。

粗瓷花碗和卵石撞击时发出的那“乒”的一响，是进圭村那个沉闷寒冷的早晨里发出的最清脆的一个声音。

老人急忙脱下自己身上那件露着败絮的棉袄，用它包裹起赤裸的女人。

他的嘴巴里不停地念叨着或是诅咒着什么，像抱着刚刚出生的婴儿那样将她抱在怀里，往家里跑。

老人抱回来的这个女人，名叫万爱花。

我从住的宾馆打车，几乎穿越了整个太原城。在城西一条嘈杂的巷口下车时，我问出租车司机知不知道这巷里的那棵树在哪？司机没有回答我，反而问你跑这么远找那树干嘛？

万爱花在电话里说，有人会在那棵树下接我。

在树下等我的是万爱花的女儿李拉弟。李拉弟今年59岁，她是万爱花的养女。万爱花如今就和李拉弟生活在一起。

李拉弟领着我回到家的时候，万爱花来为我们开门。门打开后，老人站在门后，并示意我在前面走。房间里很暗，穿过一间房，我回头看她时，老人就叹着气说：“难看。人不人，鬼不鬼的。”万爱花很矮，腰有些弯曲。老人说的是她自己，她的身体明显地变了形。

“……自从闹上日本鬼子，就过着不是人过的日子。鬼子作践了多少妇女？杀了多少人？点了多少房子？方圆几十里的无人区啊。在赵家庄，日本兵把婴儿扎死，挑在刺刀上转圈儿玩。玩够了扔到井里，还要一石头砸下去。卢家庄，李五小的一个姐姐，被倒吊在门扇上，一边一条腿，活扯了……”万爱花说：“不能就这样算了，只要我活一天，我就要争取一天，要把公道讨回来。”

1992年12月9日，万爱花曾作为中国受害妇女的代表来到日本，向世人发表证言：“1943年，入侵中国山西的日军第一军独立第四混成旅团，派遣盂县进圭据点的部队‘扫荡’羊泉，我被抓到进圭据点……”万爱花脱掉上衣，向所有在场的人展示自己身上的伤痕，她含泪控诉当年日军惨无人道的暴行，直至当场昏倒在地。这一场景通过卫星传向世界各地，日本国内也为之哗然。一位日本人在给万爱花的信中写道：“您从遥远的山西来到日本，真诚地欢迎您。您为了真正的中日友好，不畏艰难而勇敢斗争着。对此表示崇高的敬意……由于日本政府现在仍抱着对过去侵略罪行不负责任的态度，而孤立于亚洲和世界。对于日本的再生，您的奋斗我们无比感激……”

之后，万爱花不顾年事已高，又先后三次东渡日本。1996 年 9 月，应日本国会参议院议员田英夫和日本众议院议长土井多贺子邀请，万爱花在东京、神户、广岛、冈山、大阪访问，多次参加正义人士组织的民间集会，揭露日军野蛮践踏人权、女权的罪行，使更多的日本民众和青年了解了日军侵华罪行。

1998 年 10 月，万爱花与山西盂县的赵润梅、杨秀莲一起，代表当地所有受害妇女，联合向日本东京地方法院提起诉讼，控诉当年日军的暴行。

1999 年 9 月 22 日，万爱花与当年日军暴行的受害者赵存妮、高银娥一起再赴东京法庭，为受害者出庭作证。

万爱花是第一个站出来控诉日军慰安妇暴行的中国女性之一。

万爱花：

1943 年 6 月 7 日，我被“扫荡”的日军抓走，带到了进圭炮楼，关在一眼窑洞里。窑洞是土窑，青石码的门面，木格子窗户被砖头垒着，里面黑乎乎的，地上铺着草，我就蜷缩在上面。那年我 15 岁。当晚，几个日军就进窑强奸了我。之后，不分白天黑夜，日军成群结队地来糟蹋我。到后来，我一听到门响就忍不住地要呕吐。

一天我没“服务”好，就被日本兵踢倒，用靴子踩……双手反捆住，吊在树上。

就这样，我被折磨了 21 天。6 月 28 日，炮楼突然安静下来。炮楼上的日军不见了，我趁日军出发，就在半夜弄断木窗棂，逃了出来。养父在我被日军

山西盂县进圭村，当年日军在这里设有据点和炮台。

抓走时受了伤，又听说我被日军糟蹋了，连病带气已经去世了。我就先跑到邻村一户亲戚家躲了几天。

回到羊泉时丈夫不要我了，把我卖给了一个叫李季贵的人。李季贵比我大29岁，一家三条光棍。除父亲外，还有个瞎眼拐腿的哥哥，穷得娶不起亲。李季贵给了我丈夫五六十块大洋，我就成李季贵的人了。

在李季贵的照顾下，我的身体一天天好了起来。

8月的一天，我在山洼洼里洗衣裳，忽然听到有人喊："鬼子进村了！"我还没把衣服收进盆里，就被日本兵揪着头发提溜了起来。西烟炮楼的日军和进圭炮楼的日军包围了羊泉村。

还是进圭敌人据点，还是那个院子、那眼窑。日军用皮鞭把我打得死去活来，还轮奸了我，把我提起来，摁在炕席上……

不到一个月，我的下身开始烂了。不能在这里等死，还得要想法子逃，当时我就这样想。上次被扳断的木窗棂，已经钉上了一块厚厚的木板，这次我打算从门扇逃。第29天，趁敌人去“扫荡”，我把木头门扇从门桩的低凹点抬高，然后趴在地上爬出了门，跑进山里。

这回，我没有回家，而是连夜往外乡逃。等我的伤慢慢好了，地里秋庄稼收完的时候，才又回到了羊泉村。

家里，男人正病倒在炕上，瘦得只剩一把骨头了。

这年的腊月初八早晨，我正给男人喂药。忽然，院门被几个日军踹开了，羊泉村又一次被日军包围了，我又一次被日军用绳子绑上扔到骡子背上。我第三次进了进圭据点。

先是轮奸，后是打耳光、压杠子、坐老虎凳，吊在槐树上，凡是能想到的整人方法他们都在我身上用了。我死过去又活过来。大腿也折了，身子也变形了，右边这个耳朵也被撕开了……

这一次我被关了整整50天。

最后我身上的伤口和下身止不住地出血，已不成个人样。第二年正月的一天，我昏了过去，日军就以为我死了，扒光我的衣服，把我像死狗一样拖出去扔了。

日本兵把我扔在村边的河里。1944年的冬天，天寒地冻，进圭村的乌河结着厚厚的冰。一位路过这里的老汉救了我。老汉把我抱回家，在我身边整整守了一天一夜，我活了过来。

在老汉家过了几个月。一天，有人从羊泉村捎过话来，说我男人快死了，能回去让我回去看看。

我不能走路，让人把自己捆在驴背上，回了趟羊泉。男人看我回来了，就吐出一口血，咽下了最后一口气。

整整三年，我不能走路。当时我才十七八岁，就没了月经，也挨不得男人，肋骨、胯骨都断了。为了日后有个靠，我领养了一个小闺女。

我和4岁的闺女从盂县逃到阳曲，又从阳曲逃到太原，最后在太原租下一间小屋，靠做针线维持生活。

一年后，我出差经过太原时曾经再次去看望万爱花老人。从宾馆出门之前，我给她打了电话。因为电话打不通，我的心里突然就生出一丝说不

中年时的万爱花（右）与养女李拉弟（左）及李拉弟的孩子。

出的担心。凭着记忆，我找到了那条小巷，来到了万爱花和她女儿李拉弟的家门前。

敲门之后，为我开门的并不是万爱花，也不是她的女儿李拉弟。

开门人奇怪地看着我。

我说我来看望万爱花老人。

开门人说这里没有万爱花这个人。

我说她一年前就住在这里啊！？

开门人说这是出租房，一年里已经换了好几拨人。他让我去别处打听打听，然后就关了门。

我在附近打听了许多人，大多数的人都不知道她，偶尔有几个认识的，也说不清她现在搬去了哪里，有人说她搬到城北去了，有人说她搬到城南去了，也有人说她病得不轻，会不会不在了……

“不能就这样算了，只要我活一天，就要争取一天，要把公道讨回来。”我想起了她说过的这句话。公道还没讨回来，我想老人一定仍然就在这个城市的北边，或者南边，就和一年前我看到她时一样，活在过去的痛苦里，活在对未来的期待中。

（本章采访于2003年。万爱花于2013年9月4日在山西太原去世。）

第 18 章

十五岁的新娘

小街上没有灯。

西烟镇的夜晚很黑，也很冷。

我入住的那家小旅店是镇上唯一的旅店，它在一条窄窄的砖巷的尽头，店面不大，铁门却又高又宽，开关时会发出整个小镇都听得见的“吱吱嘎嘎”、“嘭嘭嘭嘭”声。

客房里挤满了床，没有为客人留出多少活动的地方。

面对那一排十几张床，我想了半天，该在哪张床上睡？

没有取暖的设备，北方十一月的夜晚，已很难入睡。窗外传来零零落落的犬吠声。

63 年前那个深秋的夜晚，在离这条小街不远的那个村庄里一定曾响起过比这更激烈的犬吠声。一个瘦弱的少年，一个背着蓝布包裹神色慌张的少年，正在偷偷地离开村里。

少年的出走，和村里一个叫郭喜翠的姑娘有关。就在几天前，15 岁的郭喜翠被日本兵抓进了炮台。不时有冰凉的枪声从黑暗中划过，每一声枪响，都会引发一阵密集的犬吠声，而每一阵密集的犬吠声都会让少年停下脚步，并迅速将身体隐藏在墙角或是路边的沟槽里。

路上没有一个人，远处日本鬼子的炮楼上闪着灯，子弹会从那里射向此时出现在夜色中的每一个活动物体。

少年是瞒着家人出走的，他担心母亲的眼泪会让自己的决心改变。他没有带什么东西，身上背着的蓝布包裹里只有一双布鞋，那是他和郭喜翠定亲时，姑娘送他的。

在溜出那个漆黑的夜晚后，又闯过了日本人的一道道封锁和一次次盘查后，少年一路向西行，他翻过了吕梁山，渡过了黄河……脚上的鞋走烂了，他也舍不得换上包裹里的那双鞋。包裹里的那双鞋，让他时时想到此时正被关在日本鬼子的炮楼里的心上人郭喜翠……

63年后的今天，我见到了郭喜翠，而当年的那个少年却已不知去了哪里。

如今，郭喜翠就生活在西烟镇，就住在西烟镇这条小街旁的一幢寂静的砖窑中，她就每天坐在砖窑中的那面大炕上发着呆。

在郭喜翠的炕头，放着一个木头相框，相框里放着一张年轻军人的照片。显然，这张照片已经很多年了，照片和照片上的人物都已经变得暗黄。照片上的那个年轻英俊的军人，是郭喜翠的丈夫，也就是那个当年出走的少年——周富玖。郭喜翠是在12岁的时候和周富玖定下亲事的，那一年周富玖是14岁。郭喜翠长到15岁那年，已经出落成一个非常漂亮的姑娘。虽然周富玖和郭喜翠很少见面，见面时也都很羞怯，不说话，但周富玖心里对于自己未来的媳妇郭喜翠有说不尽的欢喜。

虽是通过媒妁之言定下的亲事，但他们相互了解，并真心喜欢对方。两个情窦初开的少男少女就这样通过最传统的方法，含蓄而又一往情深地相爱着。

如果没有变故，在这个偏远的山村里，就像千古传承而来的生活一样，他们将按照祖祖辈辈一直延续的仪式，结婚、生子，然后过着与世无争的男耕女织的生活。

然而一切都被打破了，一切都在日本侵略者的枪声中纷纷远去。

郭喜翠甚至已经绣好了自己出嫁时穿的绣花鞋，就像所有的山村女孩一样，郭喜翠做着有一天成为新娘子的梦：头戴红盖头，身穿红嫁衣，吹吹打打着被花轿抬入婆家……她甚至想过，自己要努力去做一个十里八村

郭喜翠的丈夫周富玖年轻时的照片。

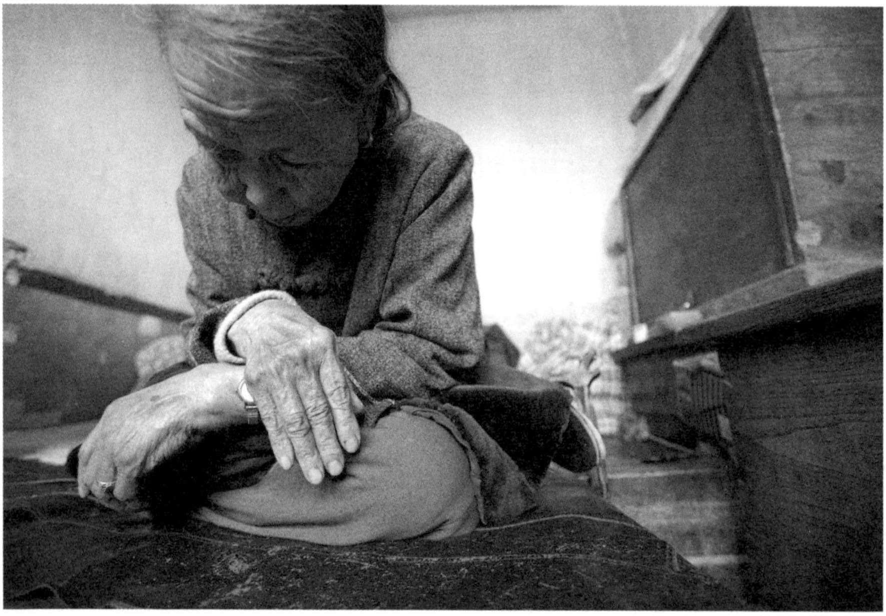

郭喜翠，生于1926年，山西省盂县人。15岁被日军抓去充当慰安妇。因被折磨致病，家人曾将她接回治疗，但不等病愈，日军即再次将她抓回。如此往复四次，最终精神失常。现在郭喜翠和她的大儿子一家生活在一起。饮食起居需人照顾。

都夸赞的贤惠媳妇。然而，郭喜翠这个朴实的愿望，在她15岁那年的秋天，就如一枚青涩的嫩叶，被突然而来的一阵狂风卷走了。

郭喜翠被日本鬼子抓去的消息传到周富玖家后，17岁的周富玖拼命要去救郭喜翠，但他被家人死死拦住了。周富玖咽不下这口气，他哭着发誓一定要去杀掉抓走郭喜翠的那些日本鬼子。

几天后的一个夜里，周富玖偷偷地溜出了村子，他一路逃荒，离开了家乡。

后来，周富玖来到了延安。不久周富玖就参加了八路军，他终于实现了要为郭喜翠报仇的誓言，一次次投身到抗击日本侵略军的战斗中。

日本投降后，周富玖回到了家乡。这时，郭喜翠也结束了在外四处逃难的生活，回到了村里。周富玖把郭喜翠接到了自己的家里，因为长期遭受日本鬼子的蹂躏，此时的郭喜翠已精神崩溃，她疯了。

郭喜翠：

我的娘家在西潘乡宋庄村。我被日本人抓去的那年 15 岁。当时我正在东楼村姐姐家，照看孩子。

那一天进圭炮台里的日本鬼子突然包围了东楼村，当时村里的人大部分都没有来得及逃走，日本鬼子就一家一户地堵住门，然后用枪押着把村里人都集中到了村头的打谷场上。由于村里曾经住过八路军，当时日本人就杀了一些人，又抓了一些人。我和姐姐、姐夫都被抓到了据点里。

姐夫在日本鬼子的据点里被日本人杀了。姐姐后来被放了回来。我就被日本鬼子关在了那里。

当时，我和其他几个姑娘一起被关在一孔窑里。关在窑里的时候，不许我们出来，吃饭的时候有人送。每天不停地有日本鬼子来欺负我们。

过了一些天，我们窑洞里的姑娘一个个被日本鬼子弄走了，也不知道弄到了哪里。最后窑洞里就剩下我一个人了。

我在这孔窑洞里被关押糟蹋了两个多月，后来我身体被糟蹋得不行了，就被人送到了姐姐家。在姐姐家疗养了许多天，身体刚刚好了一些，就又被日本鬼子抓了回去。就这样子，身体不行了就被送出来，一旦好些了，再被抓进去，反反复复一共四回。我的身体实在是越来越熬不住了，姐妹们就都对我说你快逃吧，这样子下去你会被弄死在这里的。

一天深夜，天很黑，我开始逃，姐妹们帮助我的，先逃到东楼村姐姐家，又连夜逃往外地。在外面四处躲藏了很长时间，一直不敢回家。

后来，父亲在外面四处打听，好不容易找到了我，接我回了家。

解放后，周富玖从部队转业到了地方，被分配在西安市工作。1962 年 9 月，因为郭喜翠的身体一直不好，周富玖为了照顾郭喜翠，便离开西安，回到了村里。

郭喜翠 25 岁那年，周富玖和她正式结婚。结婚时没有举行仪式。

郭喜翠和周富玖婚后生育了 5 个孩子，三儿两女。

郭喜翠中年时的照片。

周富玖于 1999 年去世，去世时他最放心不下的仍是妻子郭喜翠，他再三叮嘱儿女一定要把她照顾好。

周富玖与郭喜翠的故事曾让我深深地感动。而就在西烟镇，另一对患难夫妻也同样在演绎着一个令人唏嘘的爱情故事。

在张仙兔讲述往事的时候，老伴郭昧栓都一直在边上，他缩在角落里，眼睛一直看着张仙兔，双手不停地颤抖着。

张仙兔：

当年日本鬼子的驻地就在河东村，离我们村 12 里地。当时我 15 岁，老头子才 13 岁，我们刚刚结过婚。鬼子进村的那天，是大年初三。刚刚起床，正在扣扣子呢，日本鬼子就一头冲进了屋。进屋就搜，到处翻，还叽里呱啦地嚷，就这样端着大枪，刺刀明晃晃的。家里被折腾个底朝天。他们把窗子也弄坏了，缸和罐子也砸碎了，连被子也要抱走，那是我俩结婚的被子。

家里有两头骡子，也被抢走了。然后就抢人。我俩结婚刚刚一个多月，老头子那年还小，就被吓得蹲在屋角浑身哆嗦。从那时开始，他就哆嗦了一辈子。日本鬼子用枪尖抵着我，要我出屋，抓我去河东村。鬼子的驻地就在河东村。那天是晴天，天气很冷。我是小脚，再加上害怕，浑身打颤，走路走得慢，还老是跌倒。日本鬼子在村里就又抓了个人，让他把我背在背上。我是被背走的。怕得不得了。到了河东村，开始几天，就住在村民家里。村民家里人都被赶走了。被抓到了河东村以后，遭受日本鬼子的那个罪啊，没法说。几天以后，我又被拉到了炮台上，在炮台上日本鬼子还是整天没了命地强奸我。每天，我就哭，有人送饭来，送来也不吃。房间里很黑。鬼子也很多。从我被抓去以后，家里人就四处借钱，最后筹足了 700 块银圆。家里人拿着这些银圆，就去赎我。是公公把我背了回来，我已经被糟蹋得不能走了。公公把我背到了娘家。回来后，我病了一年。父亲到处借钱，帮我看病。身体被糟蹋坏了，差点死掉。家里嘛，房子也破了，东西也都被抢光了。吃的没了，喝的没了，老头子（丈夫郭昧栓）就被公公带着，一家一家挨着过。

张仙兔说，他老伴这“抖”的毛病是被日本鬼子吓出来的，当年鬼子

张仙兔与她的丈夫郭昧栓。张仙兔生于 1925 年，山西盂县西烟镇西村人，15 岁被日军抓进炮台充当慰安妇，受尽凌辱，后被家人用 700 大洋赎回。

闯进家的时候，他就这样子抖，从那以后就再也没有停过。

郭昧栓大爷今年 77 岁，比张仙兔小两岁，当年张仙兔被日本鬼子抓去的这段经历并没有拆散他们，这一劫难反而使他们在后来漫长而又多舛的人生旅途中变得更加互相体贴关怀。张仙兔和郭昧栓早年生有两个儿子，如今，他们跟着二儿子一家生活，每天两位老人一刻不离地在一起。

关于张仙兔当年所经历的那段往事的许多细节，今天我们已经无法知晓，也可能已经永远无法知晓，但他们当时所经受的恐惧，我却仍能从郭昧栓大爷那双颤抖了 60 多年的手上感受得真真切切。

（本章采访于 2003 年）

第19章

嫁到黑石窑的高银娥

高银娥:

日本人包围村子的那一天，是阴历四月初四。那天，日本人在村里还杀了四个人，杀的都是村里的老百姓。

发现日本人来的时候，当时村里的老老少少都在往村外跑。我也想跑，可我婆婆舍不得家里的东西，就要我收拾点家里的东西带上再跑。这时日本兵就到了，把我和婆婆堵在了屋子里。当时家里的其他人已经都走了，只剩我和婆婆在屋里。

日本兵进屋后，先是端着枪满屋翻了一遍，然后就将枪朝炕沿上一戗，张着两只手朝我扑过来，要抱我。我手里还拿着刚刚收拾的东西，就把那东西紧紧地抱在怀里。日本兵夺下我手里的东西，接着就抱住我，剥我衣服。这时，门外又进来两个日本兵，一个冲上来帮着抱我的那个鬼子剥我的衣服，一个朝我的婆婆扑了过去……

日本人把我收拾的东西连同我一起，用一辆小牛车拉到了河东的炮台里。

拉到炮台以后，先被关在一间黑房里。房间里有木板床。开始的时候，房间里还有其他人，有年龄大点的妇女，也有小媳妇，十几个人。因为我是这十几个人里最年轻的，所以每天都有日本鬼子来带我出去，每次都是带到一个土窑里，土窑里什么都没有，就像个猪圈一样，日本鬼子就在这个地方糟蹋人，就像畜生。日本鬼子像畜生。这些畜生不把我当人。强奸我时，他们根本不管我死活。每天我都要被带出去好几次。

后来，我又被单独换了一处地方关着，这样一来就更遭罪了。

高银娥在讲述往事的时候，丈夫李正义一直在一旁低头听着。

就在高银梅起身去吆鸡时，李正义对我说高银娥曾经告诉过他，最多的时候，她一天被11个日本鬼子糟蹋过。

高银娥：

为了赎我回来，家里卖了五亩地。家里人用卖地得来的200块银圆，还有两大篮子鸡蛋，才把我给赎了回来。回来以后，娃娃也不能生了，丈夫也就不要我了。32岁那年，一直娶不到媳妇的李正义娶了我，我就来到了黑石窑村。李正义娶了我之后，多少年了还是生不出孩子。后来我们就过继了我兄弟家的一个孩子。

在西烟镇，由于被日本人抓去过，或者因受日本人糟蹋而失去生育能力的妇女，后来被男人抛弃的也不少。当时和高银娥一起被日军抓走的同村的一个小媳妇赵存妮也是这样。那年，赵存妮24岁。赵存妮被日本兵抓到了炮楼后，当天晚上就被8个日本兵轮奸了。以后赵存妮被关进了一个小窑洞里，每天晚上都有一批日本兵过来强奸她。在炮楼里20多天后，赵存妮就被糟蹋得不行了。有一天的大白天，日本兵来窑里叫她出去。赵存妮当时心里想，平时都是在晚上叫，这次突然改白天叫，估计这回是要杀头了。因为自己身体病了，对日本人没有用了，她知道日本人杀个人就像碾死一只蚂蚁一样。赵存妮害怕极了。从小窑洞里走出来后，赵存妮看到家人在外面站着。这时，父亲就走上来告诉她，是来接她回家的。当时的赵存妮已经不能走了，家里人哭着找来几根棍子捆扎成担架，把她抬回了家。后来，赵存妮才知道，是父亲和她丈夫把家里的地卖了，凑足380块银圆才把她赎了出来。后来赵存妮一直没有生育。由于不能生育，丈夫

高银娥，生于 1924 年，山西省盂县西烟镇黑石窑村人。1942 年被日军抓进炮台，由于遭受极度性摧残，终身不育。

高银娥与丈夫李正义。

拍照之前照镜子的高银娥。

就和她离了婚。29 岁那年，赵存妮又嫁给了一个死了老婆的男人。赵存妮的第二任丈夫于 10 多年前去世，80 多岁的赵存妮现在依旧一个人生活。

黑石窑是个僻静的小山村，村里有十几户人家，房屋错错落落地排在灰蒙蒙的山坡上，一条几乎干涸的小河在坡底无精打采地躺着。村里的人很少，更见不到年轻人，老人们在自家石垒的围墙下清闲地晒着太阳。

高银娥家有三间房屋，还有一个大大的石墙围合起来的院子，这是一个典型的北方农家小院。高银娥平时很少走出院子。和同年人相比，高银娥要显得年轻，她皮肤白净，脸上的皱纹也少许多，身上穿着北方农村里老人们都穿的自裁自缝的蓝土布衣裤，衣服不新，却一尘不染。当我提出想给她拍照片时，老人高兴地同意了，并进行了很长时间的打扮。就像个爱漂亮的小姑娘，高银娥在窗前兴奋地拿着镜子左照右照，将头发梳得一丝不乱后，还要再用手抹一抹。老伴在一旁微笑着看她。

高银娥在院子里养了十几只鸡，还在院子里开辟了一块地种菜。她每天有许多事要做。

高银娥没有生过孩子，日本鬼子剥夺了她作为女人的这个权利，32 岁那年她领养了一个女儿。如今，80 岁的高银娥和 86 岁的丈夫李正义并没有和养女在一起生活，他们自己过日子。

家里的两亩地，由李正义的兄弟种着，每年他们将地里收成的 1000 斤土豆给种地人，作为报偿。高银娥和李正义这些年一直没有离开过黑石窑，他们在这里过着平静的生活。

（本章采访于 2003 年）

第 20 章

河东炮台里的噩梦

王改荷：

日本人进门后一枪打死了我的男人，然后就扑过来强奸我。我稍一反抗，他们就朝着我的脸砸了一枪托。我的牙被砸掉了，掉了四颗。

在我昏过去的时候，这些鬼子糟蹋了我……

日军当年的兽行，让许多研究战争史和人类行为的专家也无法解释。我曾在一份资料中看到过一个叫中田道二的日军士兵的回忆。中田道二是当年日军第 38 师团的一个士兵，1941 年 1 月 13 日，日军第 38 师团入侵香港，有一支日军强行将圣斯蒂芬学院的 78 名女医生及护士掳走做慰安妇。当时中田道二参与了此事，他后来在回忆中说：“她们大都不服被污辱，反抗和寻死时时发生。有一个女人，也不知哪儿来的劲，没有一个士兵能顺利和她性交。小队长见状，便命人把她裸体绑在一个圆木桶上，这回可不用费劲了，只需滚动木桶就行了。不到三天，这个女人就死了。”这还不算什么，中田道二又说道：“有一个女子，在被迫‘慰安’时，咬了一个士兵的鼻子。这个女子被捆到电线杆上，先是被割了两个乳房，最后剖开肚子，将子宫割下来，撑大套到女人头上。阳光暴晒，子宫膜开始往回收缩，最后将这女人的头紧紧地箍住，这个女人最终被憋死了。我们管这叫‘从哪里来到哪里去’”。而最不可思议的是中田道二还讲了他们中队长有一种嗜好：“他这个人不知什么时候养成了一个怪癖，专门吃焙干了的女性子宫，并且是处女的。于是他把早就捆来的未让士兵上手的一个15岁的女护士在火堆旁活着剖开肚子，取出只有鸡蛋大的子宫，用瓦片焙起来。这个女孩一直没死，血和肠子流了一地，躺在一边，看着自己的器官被焙熟，看着被中队长吃掉，最后头一歪死去。她的心被另一个士兵趁热掏出来，生生地吃掉……”这是一个日本士兵对当年自己同类的行为的真实描述，通过他的描述，我们看到的分明是一群令人不寒而栗的嗜血的恶魔，而绝非人类。

“1942年春的一天，驻守在西烟镇后河东村洋马山据点的日军由傻子队长和渡过队长带领来到南头村，闯进我母亲家，把我母亲和外婆吓得缩坐在炕角。日军见母亲长得漂亮，他们就当着所有家人的面将母亲强奸了……”盂县西烟镇的杨秀莲在讲述自己的养母南二朴当年遭日军强暴时这样说。

杨秀莲养母南二朴遭日军强暴时18岁，当年南二朴家所在的那个村庄离王改荷家的村庄不算太远，她俩第一次遭遇日军时所受伤害的经历也很相似。仅从王改荷、杨秀莲，以及日军士兵中田道二的讲述中，就可足以证明当年日军的兽行绝非个别，而是如疫病般在整个日军中普遍蔓延。

杨秀莲的养母南二朴和她一家的凄惨故事，当年在当地流传颇广，甚至几十年过后，仍被许多人记得。日军将南二朴抢走后，带到据点里锁起来，专门供当年被老百姓背地里叫“傻子”的队长享用。后来南二朴怀孕，还在据点中生下一个婴儿，婴儿出世不久即被日军弄死。南二朴家是个富裕家庭，南二朴的父亲卖了家里的50亩好地，希望把南二朴赎回，但没有成功。

南二朴在被关押期间，也曾多次出逃，虽然每次都不成功，但她还是一有机会，就想办法逃。有一次她终于逃了出来，于是日军便很快找到了南家，他们将南二朴怀孕的母亲用刀劈死在大门外，又将南二朴的两个弟弟拖出家门用枪击毙后抛尸于荒野。最终南二朴又被日军抓了回去。一想到母亲和弟弟的惨死，南二朴就痛不欲生，她多次悬梁自尽，但都被日本人制止住。

1943年，傻子队长调防别处，南二朴被傻子队长送给了另外一位日军军官苗机。同年冬的一个晚上，南二朴利用日军出去“扫荡”的机会，从据点中再次出逃。南二朴先逃到阳曲县阳曲村姐姐家，由于怕日军追来牵连姐姐，她只在姐姐家匆匆吃了一碗饭，就又逃往他乡。南二朴从炮台逃走后，日军再次来到南家找南二朴。当时家里只有一个11岁的弟弟在，日军就把南二朴的这个弟弟绑在马后拖着，并一把火将南家几辈人积下的产业，以及一个有着30多间房屋的大宅院烧成了灰烬。

南二朴逃出后，一直四处流浪，以给人洗衣、缝缝补补度日。直到日军投降后，她才回到家乡。（南二朴1950年嫁人，因为不能生育，1964年抱养了杨秀莲。后因做过日军慰安妇，南二朴被判刑二年，出狱后南二朴终因禁不起精神和疾病的折磨，于1967年6月14日上吊自尽。南二朴死时，养女杨秀莲年仅4岁。1998年3月29日，南二朴的养女杨秀莲代理南二朴向日本东京地方裁判所递交了起诉书，替南二朴起诉日本政府，要求日本政府公开谢罪和经济赔偿。）

南二朴被日军抓去充当性奴达一年零八个月，生前留有申冤遗嘱。

王改荷：

我永远都不会忘记那一天。那天是1944年阴历二月初三。日本鬼子把我强奸完了后，就用一头毛驴把我驮到了河东炮台，关在一个土窑洞里。

天一黑日本兵就来强奸我，多的时候一晚七八个，少的也有两三个，有时他们同时来，一个将我压住，另一个脱掉我的衣服，还有的就进行强奸……他们白天也来，都是日本松春队长的兵。

那时候，我已经有了个儿子，那一年儿子才6岁。他爸爸被打死了，我又被关在炮台，可苦了孩子。一想到孩子，就忍不住要哭。

日本鬼子坏透了，糟蹋人的时候无恶不作，他们叫你怎样你就得怎样，如果不顺从，那你就要遭罪了，不仅要打你，还不许你穿衣服。一天中午，有个鬼子来到窑里，强奸了我。强奸完了他还不肯走，示意我光着身子跳舞给他看，我不肯，我是小脚，也没法跳。这下就惹怒了他，他就用他腰上的皮带抽我的

王改荷，生于1920年，山西省盂县人。24岁时，日军枪杀了她的丈夫，并强奸了她，后又将她押进炮台。

屁股。我当时身上什么也没有穿，皮带抽在身上“啪啪”响，抽一下就留一个印子，他像赶牲口一样地使劲抽我，我就赤身裸体地在炕上来回跳着躲避着他的皮带……他一边抽我一边“哈哈”地笑，直到他抽累了才停下来。

“他们对在地里耕种的农民也杀，王二虎家全家七口人被杀，还有其他12个村民被杀，抢走牲畜20多头。在杀人时，对女人先奸后杀，他们认为满意的就留下来带回据点。”当年曾被日军抓去过的一位不愿公开姓名的老人这样回忆，“我们三个女人被日军押着往据点走，路上坡陡山高，加上三个小脚女人，傍晚才到据点。一路上，翻译就对我们说，好好侍奉皇军，如果不愿意的话，他们就会把你们杀死，或者扔进大池塘里去淹死。我们相信这话，日本人什么事情都做得出的。这样到了据点不管日本兵怎么样对待我们，我们都不敢违抗。”

当战争进入相持阶段后，为了抚慰那些因在长期战争中屡遭失败而产生沮丧情绪的官兵，日军开始大规模掳掠中国妇女充当慰安妇。“用中国女人做慰安妇，会抚慰那些因战败而产生沮丧情绪的士兵，他们在战场上被中国军队打败的心理，在中国慰安妇的身上得到最有效的校正。这种心理作用，唯有中国慰安妇能带给我们的士兵。她们能鼓舞士兵的精神，能够在中国尽快地建立大东亚共荣圈。”“当武士道不能支撑崩溃的士兵时，中国慰安妇的肉体却能对复原士兵必胜的信心起到不可估量的作用。能在中国女人身上得到满足，必将能在中国领土上得到满足。占有中国女人，便能滋长占有中国的雄心。”“我们必须更多秘密地征用中国女人做慰安妇，从精神上和肉体上安慰我们的军人，树立他们必胜的信心。”日军情报官员大雄一男在给日本陆军本部的一份文件中这样说。

1941年至1945年期间，在盂县有数以百计的当地妇女被日军抓进据点，她们被关在日军专门辟出来的几个院子里，这些院子设有岗哨，不能随便出入。被抓来的妇女在这里过着非人的生活，有时一天只能吃一顿饭。这些妇女刚被抓来时，先由日军军官对她们进行侮辱，然后再给士兵糟蹋，她们往往一天要忍受10多个日本兵的性摧残，有时甚至更多。身体被摧垮后，日军便通知其家人用钱或物将她们赎出，或者将其残忍杀害。大部分被抓来的妇女要在据点里熬过半年到一年左右的时间，有的更长，许多人则死在了这里。

王改荷：

我被这帮畜生糟蹋得眼看就要死了。日本鬼子见我不行了就准备把我扔掉。我父亲知道消息后，就走南村跑北村，东挪西借了120块银圆，把我赎了回来。

有一位叫王变良的妇女这样讲述自己当年被日军抓去时的经过：

那天早上有雾，日本兵趁着大雾包围了大西庄村。他们把年轻的男人和女人都押到了上社的据点，女人中有我和李变翠等8个人。日本兵让我们这些女人脱光身上的衣服用河水洗澡，他们发现其中有个人身上有疥疮，就让她回家去了，其余的就全被关押进了他们在山上修的房子里。房子很大，里面用毯子

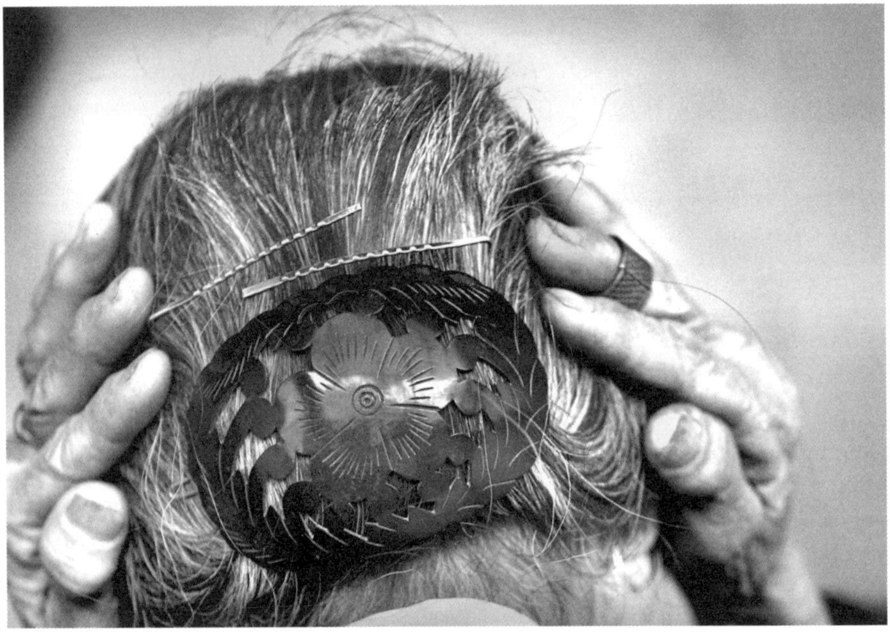

从少女时代起，王改荷就一直梳着这样的发髻，她至今每天仍要把自己的发髻盘得一丝不苟。

挂起来隔成几个小间，我们每人一间，之间小声说话都能听得见，只是互相看不见。不管白天还是晚上，日军随时都会走进来……

王变良后来被家人赎回，回来后，因为怕日军再来抓她，于是她就躲进了大山里。此后王变良在大山里居住了几十年，直至晚年才搬回老家。

许多受害女性被抓去时都是未婚少女，有些还是幼女。这些女性中，多数人都在日军据点期间身染重病，有的甚至精神失常。几乎所有受害女性都会因这段经历而痛苦终生。

周喜香：

那天村里放哨的人说日本人又来了，全村人便开始向山里跑。村里的年轻媳妇和姑娘都把泥、黑灰抹在脸上，换上破衣服，把头发弄乱披着。心想，这

王改荷的小脚。

样子被日本人抓到就不会被糟蹋了。

我也在脸上抹了黑灰，穿着破衣服，向山里跑。跑到半路时，日本人追了上来，我裹着小脚，实在跑不快。日本人追上了，吓得我不敢再走，瘫在地上，几个日本兵用皮鞋踢了我几脚。日本兵把我押到了进圭据点，当天晚上就遭8个日本兵轮奸了。当时是1944年3月，我19岁，还怀着身孕。是头胎，反应特别厉害。就这样被关在日本人据点边的一个窑洞里。到了五六个月的时候，我已经感到了肚子里的孩子在动。我想，真作孽啊！我想保住孩子。每次日本兵来时，我就撩起衣服，让他们看自己圆鼓鼓的肚子，对他们说："我不行了，肚子大了，里面有孩子，喏，还在动，不能侍奉太军。"

7个月的时候，我的肚子已经很大了。一天又有日本兵进来，我就又抱着肚子对他说："孩子，我想要这个孩子，我不想让他死在肚子里，你们行行善，饶过我和孩子吧。"日本兵就哈哈大笑，还趴在我肚皮上来回看，用手拍。他们没有放过我，还变着花样折腾我。疼啊！孩子在我肚子里翻腾……

那天晚上，我没有感觉到孩子再在肚子里动弹，我猜到他一定活不成了。后来，我的肚子就疼，疼得厉害，我就在地上打滚。出了很多血，孩子出来了，死胎。孩子都这么大了（用手比画），胳膊、腿的都齐全着……那是我的第一个孩子，被人拿出去了，有人告诉我被好心人埋了，也有人告诉我被日本人的狗吃了……肚里7个月大的孩子流产了，我也得病了，站不起来了。后来，家里人凑了钱，把我赎了出来。当时，我路都不能走了，家人把我抬回家的。以后我就生不了孩子了，医生说，我“肚子里头坏了”。

从进圭据点被赎出之后，我就一直在村子附近的崖洞中藏着，不敢回家。

我是15岁嫁到李庄村和王二子结婚的。王二子死后，我在33岁时又嫁给了李庄村的齐六子。齐六子死后，我就与齐六子的女儿齐壮珍生活。

在据点的那些日子里，我落下了许多病，经常浑身抽搐，有时会神经错乱，直到现在，吃饭都端不住碗，话也说不清楚。

几十年来，一直受着这些病的折磨。

周喜香，生于1925年9月，山西省盂县西烟镇泉上村人。1944年3月16日被日军抓走，因日军强暴，怀孕7个月的胎儿流产，之后终生不能生育。

车在山间行驶着。公路两旁的山崖刀劈斧削般矗立着，似铜墙铁壁。60多年前，这片土地上的人们，就在这浩瀚的太行山脉中和日军进行着最顽强最惨烈的抵抗，日本人也因此在这里实施着最灭绝人性的管制。至今，在这里仍流传着许多关于当年人们抗击日寇的可歌可泣的英雄故事，以及人们反抗日军残暴迫害的传说。车过一处山坳时，司机兼向导指着山坳里的那个村庄对我说：“就这个村里，有姐妹两个为了不让鬼子抓去，她们手拉手从崖上跳下去了。就那个崖，很高很陡峭的……”

高高的峭崖就壁立在公路旁，夕阳照在崖顶裸露的岩石上，一片金黄。崖壁上有稀稀拉拉的绿树，还有星星点点红的紫的黄的花……

（本章采访于2003年）

第 21 章

石碌慰安所

石碌，今海南昌江黎族自治县石碌镇，位于海南省的西北部。

讲述人何十里，昌江县文史工作人员。

何十里：

1942 年春，日本侵略军在石碌铁矿开办了一家慰安所。以香港“合记公司”为名，在香港、广州等地大批招收青年女工。先后共有 300 多名青年妇女被骗来石碌矿山。她们年龄最小的仅 17 岁，最大的不满 30 岁。这些青年妇女大部分都是大学生和中学生。到矿山后不久，她们就被强迫进了慰安所。

慰安所位于石碌矿山脚下，距日本碉堡东侧 100 多米处，建筑面积 300 多平方米，砖木结构，瓦片盖顶，房屋模式呈 J 形，西南角向南设大门 1 个，东、北向各设小门 1 个。室内中间为一条约 1.5 米宽的通道，两边对列隔成 20 多个小房间，门窗均为木质日式开敞，地板为水泥砂浆铺设。

为防止慰安妇逃跑，慰安所四周均设警戒网，日夜都有日军巡逻，戒备森严。对逃跑被抓回来的慰安妇，有的当场被活活打死，有的被脱去衣服后赤裸着身子吊在树上毒打，施以灌水、电刑等。慰安妇每人每天只供给 3 两多米饭，有时甚至是几块番薯。平常每人每天接客最少 8 次，碰到日本官兵休息的日子，多时接客竟达24次。每个星期都必须集中排队到医务室，做一次体检，以防性病传染。

石碌慰安所两名慰安妇曾因不能继续接客，便被脱光衣服，吊到大树上活活毒打致死。一个叫黄玉霞的慰安妇，因不堪凌辱，乘黑夜在慰安所里的一棵大树上上吊自尽。另一位叫娜芳姐的慰安妇，跟着10多个姐妹一起逃出苦海后，却无颜回家去见丈夫和孩子，从悬崖上纵身跳了下去。

在不到4年的时间里，石碌铁矿慰安所里的300多名青年妇女，被蹂躏致死、病死、饿死的就有200多人。到1945年日军投降时，幸存下来的慰安妇只有10多个人。

（本章采访于2002年）

第 22 章

天一黑都变成了野兽

屋里很昏暗，而屋外的阳光却异常的灿烂，明晃晃的直刺眼。屋里的昏暗与屋外的阳光，在屋门口对峙成一道黑白分明的锋利界限。因为充满了王志凤的咳嗽声，所以这屋在老旧中又呈现出十分的衰弱来。王志凤身材瘦小，在老屋浓重而又巨大的昏暗中，她益发显得单薄。

王志凤：

在我很小的时候，我的父母就丢下了我和我的两个弟弟去世了。我和两个弟弟相依为命地生活着。

被日本人抓去的那一年（1944 年）我 16 岁（王志凤出生于 1928 年），是在美万村被抓的，我的外祖母家在美万村。那天，就是在从外祖母家回来的路上撞上日本人的。当时，路上只有我一个人，我的手上还拿着两套衣服，那衣服是外祖母分给我们姐弟三人的。当我看到前面来了很多日本兵的时候，我已经没处躲了。

他们用绳子把我绑住，然后牵着我回了大云军部。由于父母早就去世了，所以我被日本兵抓去了也没有人去领。我被抓了，家里就只有两个弟弟，一个 5 岁，一个 3 岁，我放心不下，可又没有什么办法。因为怕他们会被饿死，我就整天哭……日本兵见我整天哭，就打我。后来当着日本兵的面我就不敢哭，只在没有日本兵看见的时候偷偷地哭。

为了能早点出来照看两个年幼的弟弟，我就依着他们的喜好做，他们要我怎样我就怎样。我这样讨好他们，让他们满意，只是想让他们能早一天放我出来。可他们根本不准备放我。和我一起关着的有30多人，都是年轻姑娘。我们住的地方四周用铁丝网围住，有专人看管，关到里面就无法再出来。我们这些人中，有几个特别漂亮的姑娘被军官看上了，她们就住到了别处，专供几个军官玩弄。我出来时，日军已经败了。出来后我才知道，我的两个弟弟没有被饿死，他们被外祖母接去抚养了。

当年我们家住的那个村子很小，人们都知道我被日本人抓去过，所以一直没有人娶我。后来，就请人介绍，嫁到了这里。我丈夫的名字叫钟玉安，因为他家里很穷，父母又都老了，所以他一直娶不到媳妇。我和钟玉安生了两个儿子，一个女儿。两个儿子也都生活在土垄村。

海南省澄迈县中兴镇的土垄村，是个异常偏僻的小村庄，只有几十户人家、百十口人，然而就在这个小小的村庄里，却有近10位妇女被日军抓去充当慰安妇。她们中有的是从邻村嫁到这里来的，而多数人就出生在这个村里。

符美菊是在16岁那年，被日军抓进“战地后勤服务队”的。符美菊的丈夫叫王和安，他已在五年前去世。符美菊和王和安生过两个儿子，两个儿子前几年也已相继去世，媳妇都改嫁了。符美菊如今和13岁的孙子王才强一同生活。由于自己家的橡胶树还不能割胶，现在祖孙俩的生活就靠符美菊每天去胶林拣胶泥卖来维持。

和符美菊有着相似经历的还有李美金。当我来到李美金家的时候，她不在，邻居说她一早就出去拣胶泥了。土垄村的周围，都是大片大片的橡胶林。邻居还告诉我说，村子附近的胶泥都被拣光了，李美金去的那片胶林，离村里很远。在离村很远的一片胶林里我找到了李美金，她弓着腰，一手拎着盛胶泥的桶，一手在橡胶树下的落叶里翻寻着，阳光从橡胶树茂密的枝叶间照进来，在地上铺了一层细碎的斑斑驳驳的影子，如一张破败的网。

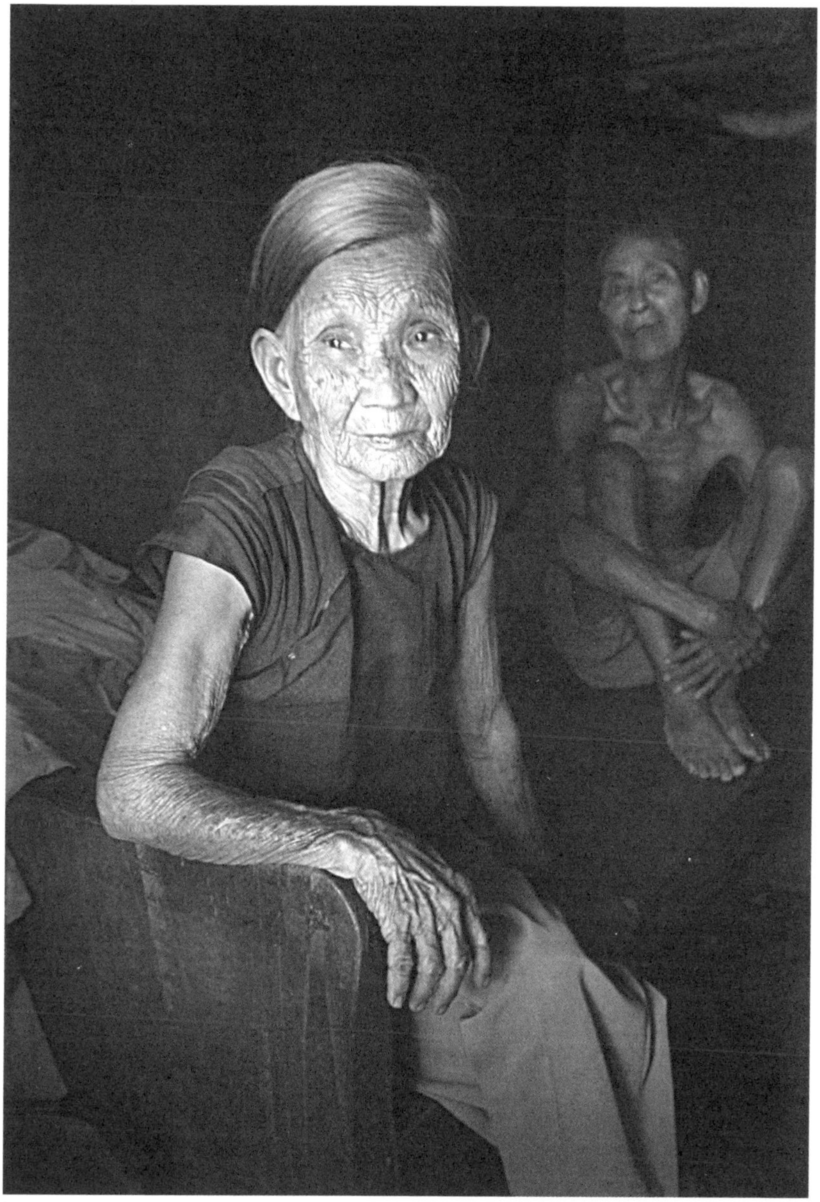

王志凤和丈夫的合影。王志凤生于1928年，海南澄迈县土垄村人，16岁时遭日军关押，关押期间遭受了非人的性摧残。

土垄村里有近10位妇女有过被日军抓去充当慰安妇的经历。

每棵橡胶树干上都被胶工用割胶刀割了一条长长的沟槽，白色的胶液顺着盘绕在树身上的沟槽慢慢往下流淌，最后沿着一截导木滴入胶桶。胶工取胶时，总会有几滴胶滴落在橡胶树下，时间长了，就凝成了一块胶泥。这样的胶块不纯，里面夹杂着泥沙，拣回家后要重新提纯。李美金在每一棵橡胶树下仔细搜寻着，直到夕阳下山，她才挑着两桶胶泥往家走。李美金当年是在日军进村“扫荡”时被抓走的，她在饱经身心摧残后，最终幸运地寻机逃了出来。逃离魔窟的李美金，四处躲藏，原来爱说爱笑的她渐渐变成了“哑巴”，许多年里都没有人听她说过一句话。解放后，李美金嫁给了土垄村的一个叫张梦勇的男人，那年她21岁。目前，年近80的李美金仍然是和丈夫张梦勇两人生活。

村里，和符美菊、李美金有着相似经历的其他老人，她们目前的生存状况也与她俩基本相似。

符美菊：

……当时每个月日本人都给我们发预防丸。因为第一次服预防丸后我反应很大，头晕、想呕吐、全身不舒服，所以以后每次发预防丸时，当着日本人的面我假装吞下，而其实是含在舌底，等他们走开了我再吐掉。

李美金：

日本人一进村就点火烧房子，这时就有人喊："鬼子来了，快逃啊。"我出门一看，就见村那头有人家的屋子在冒黑烟，村头的人都在往山上跑。我就赶快回屋，连喊带叫地催家里人赶快逃。妈妈还有点舍不得家里的东西，摸一摸这个，又摸一摸那个，爸爸就拉着她往屋外拖，什么也没有带。

这时，村子里的人都在没命似的往村外面跑，往山里跑。

我就抱着一床单被，跟着家里人，和村里人一道，往山里跑。村里有的人牵着猪，有的把牛往山上赶。后来猪和牛一头也没能带上山，都扔下了，逃命要紧啊。日本人在后面"砰砰"地放枪，追过来了。

讲述者甲（应讲述者要求隐去姓名）：

那年12月份的一天夜里，大约在八九点钟左右，先是一阵狗叫声，接着就听到砸门声、人的喊声。就知道是日本人进村来了，我就急忙跑到小房里躲起来。这时，砸门声到了我家，一群日本兵和伪军闯进来，不分青红皂白就把我拉出了小房。我又叫又喊拼命挣扎，但还是被日本人拖上马背带到了兵营。当时我爸我妈拼命赶上来要拦住他们，都被他们打倒在地上。

符美菊：

第一次被日本人抓去时，我刚刚16岁，日本人欺负我也特别厉害。有时候一个日本兵在欺负我，边上还有几个日本兵在看，这个欺负完了，那个又上来接着干……我实在受不了他们，就天天想着怎样逃出去，就是一直等不到机会。

在日本人的兵营里时间长了，日本兵就不像一开始的时候那样对我们看得那么严了。有一次我就逃跑了。

讲述者乙（应讲述者要求隐去姓名）：

1942年2月的一天，日军派兵包围了我们村。他们在每家门口留下三个日本兵看守，不让任何人跑掉，然后挨家挨户搜查抓人，村里46个男青年全被抓走押去当劳工。被抓的妇女和姑娘们按年龄分成几组，然后当场就强奸一些女人。一位丈夫不忍心看着妻子和女儿被强奸，冲上去拼命，被日本人开枪打死了。一些年长的老人也被当场杀了。日军还抢光了全村的东西。年轻的姑娘被日军抓走。我当时20岁，与其他姑娘一起被装在一辆大卡车上押到集中营里。后来我和另外一部分妇女又被带到一个黑洞里。和我一起的共有15个姑娘，其中有同村的。日军从来不让我们出去。一次我被日军排着队轮奸，搞得我不停呕吐。有些妇女受不了自杀了，也有的发疯了。我在洞里熬过5个月，一个偶然的机会逃出了那里。

讲述者甲：

我能够从这个据点里逃出来可真要感谢上天的帮忙。那天天气阴沉，大约中午12点钟，几个鬼子押着我们20多个姐妹到溪里去洗澡。他们对我们说脱光衣服，姐妹们就开始脱衣服。等大部分人都已脱衣下水，我没有脱就潜到水里去。大约洗了半个钟头后，天下起了大雨，几个日本兵个个被淋得像落汤鸡，便把那些姐妹们从河里赶上岸。我乘日本兵不注意，泅水到草丛里躲了起来。日本兵押着姐妹回去了，我便悄悄地往山里跑，翻山越岭一口气跑过了几个小山包，心扑通扑通跳个不停，很怕。等天麻黑，我才敢进家门。家里人看见我蓬头垢面的，像是从坟堆里爬出来的，也都吓了一跳。我抱着妈妈就哭……

李美金：

村里人在山里边躲了一天。到了晚上，人在山里又饿又冷，还担心着自己家里的房屋和东西。后来就有人偷偷地溜到离村子不远的树林里去看了，他们回来说日本人已经走了。大家就都一下子相信了，纷纷起来，开始回村。

日本人的哨兵发现躲出去的村里人从山上回来了，他们就悄悄地埋伏起来，等我们全部进了村子，就把村子围住了。进了村子大家才发现日本人根本就没有走。这时我们已经跑不了了。这样回村的人就都被日本人给抓住了。村子里

符美菊，生于 1928 年，海南澄迈县中兴镇东岭村人。16 岁时被编入“战地后勤服务队”，被迫成为日军慰安妇。

的房屋大部分都被烧光了，有的还在冒烟，原来那个很漂亮的村子，现在成了一片废墟。我家的房子也被点着了，我看到几个日本兵正在我们家里杀我妈妈养的那头猪。

讲述者甲：

这个兵营是日本人的总队部，驻有日军“黑衣队”，“黑衣队”经常在夜里窜到附近村庄抢女人。关在总队部慰安所里的有15个慰安妇，都是附近各村抓来的妇女，年龄在19岁到25岁左右，其中12个是黎族妇女，3个是汉族人。我当时19岁，长得比较有姿色，因此天天都逃不过日本人，我忍受不了，真想快点死去。

符美菊：

回到家第二天，日本兵就找到了我们家，他们把我抓回了军部，给我一顿毒打……

以后不管日本兵对我再怎样欺负，我都不敢再逃了。能逃到哪里去呢？逃了，还不是也要被他们抓回来？

我娘家那个村子的人都知道我是“日本娼”，男人都不要我，说我不能生孩子。后来我就只好嫁到了土垄村，土垄村这里的人不知道我当过“日本娼”。我命好，后来我还生出了孩子。

李美金：

日本人把村子里的所有猪、牛都杀了，他们命令村里的男人把猪肉、牛肉全部挑到军部去，然后他们又把村里年轻漂亮的姑娘都找了出来，带走。我和村里的几位姑娘，还有那些猪肉、牛肉一起被日本人带回了军部。

到了军部，我被关在一间房子里，房子里什么都没有，没有被子，也没有床，人就躺在地板上。当时被抓去的姑娘每个人都是被关在一间单独的房子里。当天晚上，日本兵就开始往房间里面挤……人很多，乱得很，当时我非常害怕。

那天晚上，日本兵把我折磨得很厉害，个个连撕带咬的，像恶狼一样朝你扑过来。他们折磨我时我就觉得很疼，天亮了才发现自己的身上都是血。

李美金，生于1927年，海南省澄迈县土垄村人。15岁时被日军掳走，在日军军部充当慰安妇，后出逃。

讲述者甲：

5个月后我被转移到另外一个日军据点慰安所，在那里也被关押5个月。这个日军据点慰安所更是可怕。这里有许多年龄很小的女孩子，她们受到的糟蹋我简直都不敢看。经常是七八个日本人轮奸她们，这些小女孩一般只有十三四岁。这个据点看守很严，谁也别想跑出去。日本兵经常喝酒，一个个喝得醉醺醺的，然后凶神恶煞地折腾小姑娘。

李美金：

从那以后，我就特别害怕天黑，因为天一黑我就要遭罪，天一黑日本兵就都变成了野兽，一群疯了的野兽。每次受了这些野兽的罪以后，就特别想能回家，但是我们根本无法离开军部回家，日本人看得很紧。军部离我家比较远，要走几个小时的路才能走到，那时我就常常想：我到底还能不能再回到家里。

时间长了，我就觉得，自己只要活着，不死，就一定还能回家。我就坚持，拼命地活着，别人去死了，我不死，因为我想回家。

符美菊：

男人死的时候都不知道我当过“日本娼”的事情，我不想让他知道这事情。那些事说不出口的。

李美金：

有一天，回家的机会终于来了。当时邻村里有一对夫妻，也被日本人抓到军部干苦工，由于天热，日本人不给水喝，丈夫就被活活渴死了。后来他家里把他的尸体运出来的时候，来了不少的人，我趁着混乱，躲在运尸体的人群里偷偷溜出了军部。

（本章采访于2002年）

第 23 章

关于母亲的记忆

谭玉莲说，那段慰安妇生活，就像个恶魔整整跟随了她的一生，怎么也无法挣脱。抗日战争结束几年后，谭玉莲有了自己的家庭，这时她也曾一心想开启全新的生活，但她的一切似已遭过恶魔的诅咒。婚后，谭玉莲先后怀上过多个孩子，却都没有一个成活。慰安妇的经历在她身上留下了许多后遗症。经过十几年的医治，谭玉莲花尽了家里所有的积蓄，才终于实现了做母亲的愿望。然而这时“文化大革命”开始了。因为当过“日本娼”（当地人对慰安妇的称呼），“文化大革命”期间，谭玉莲被批斗、罚跪、拔头发、掌脸，再一次饱尝屈辱，家人也跟着遭受羞辱。当年和谭玉莲一起被迫成为“日本娼”的许多女人，也大都和她一样，再一次经受了非人的折磨。有一位名叫谭亚细的慰安妇，她当年是和谭玉莲一起被日军抓走又一起熬过了长达几年的性奴生活，但在“文革”一场接一场的挂牌、游村、批斗中，她终于挺不住了，最后选择了自杀死去。谭玉莲也想过像谭亚细那样去死，但她不忍心扔下来之不易的孩子。她继续忍辱活了下来……

这一辈子受尽了屈辱，谭玉莲说有生之年最大的愿望是想为自己讨个清白。

见到谭玉莲时，她正在儿子家治病，慰安妇的经历给她的身体留下了太多的伤痛，现在她不得不一把一把地吞药。平时谭玉莲都是自己一个人生活，只有病得重时，才来儿子家，因为她自己拿不出治病的钱。

谭玉莲：

我记得，日军占领了（海南省保亭县）南林峒后，就在这建了据点，还修了三亚到南林峒的公路。三亚到南林峒的公路修通后，日军又要修另一条连接三亚的公路。这条路从南林峒的庆训村开始，翻越山岭一直到三亚。那时日军就在附近各村征集劳工。我是第一批被征集的劳工。

当劳工的第一天，在工地上砍山开路时，我就被日军挑选了出来，还告诉我不准回家。同我一起被挑中的还有李亚迈、谭亚细几位姑娘。当时日军安排我们住的茅屋就在离他们据点很近的一条河边。我们每天把生盐晒成粉装袋，或煮酒，然后送进据点供日军使用。

当劳工的第二天，4个日本兵叫我们4位姑娘跟他们去打斑鸠。我们也就只好去。进山后，我跟着的那个日本兵，叫我钻进草丛中寻找被他打中的斑鸠，他就跟在我背后。在一个石洞边他就突然把我抱住，双手使劲地抓我的身体。我吓坏了，一边拼命反抗，一边喊救命。日本兵见我这样，就打我耳光。我当时被打得头昏眼花，就不敢叫了……

被他强奸后，我下身非常疼，哭又不敢出声，就悄悄流眼泪。其他3位姐妹情况也跟我一样。

当时和谭玉莲几乎同时被抓去修路的还有一对年轻的夫妇，这对夫妇那时已经有了一个女儿，女儿叫王荷仙。开始王荷仙对于父母当年给日本人抓去做劳工的情况并不清楚，因为当时她还小，她只知道自己母亲是被日本人烧死的，在母亲死后不久父亲就也死了。王荷仙是在长大以后才真正了解到父母，特别是母亲当年死去时的具体情况的。长大以后，王荷仙找到了许多位当年曾与父亲母亲在一起做劳工的人，她向他们打听，一个细节一个细节地追问，在经过多年的不懈努力后，王荷仙终于弄清了母亲死亡的整个过程……

谭玉莲，生于1925年，海南省保亭县南林峒人。1942年，她和同村几位姑娘一起被日军抓进据点，直至日军投降。

海南崖城。当年日军活动据点遗址。

王荷仙：

当时我的母亲28岁，一笑脸上有两个酒窝，皮肤也白净。一到据点，就被日本人看上了，叫她“花姑娘”。日本人就立即把我母亲编入了“服务队”。“服务队”是干什么的，母亲不知道，和母亲一起编入“服务队”的还有3个更年轻的姑娘，当时她们都不知道日本人将要她们做什么。

谭玉莲：

我们4个人白天晒盐、煮酒，还要为日军洗衣服，搞卫生。我们住的茅屋里没有床，4个人就在木板地面上一起睡。晚上，日军要求我们随叫随到，如果不服从，就要受惩罚。惩罚是锁在屋里，一关5天。被叫去的姑娘到他们指定的房子里去，随便他们糟蹋，不许叫，不许喊，更不许反抗，不然就挨打。

常要我去的是个留人丹胡子的日军，听翻译说他是队长。这个队长很凶，稍不顺意就要打人。有一次，有个日本兵说我不听话，我就被禁闭了5天。我刚被放出来，“人丹胡子”就来找我，完了又说我哭喊反抗了，我就又被关了7天。这7天里每天由伙夫送饭，每次一口盅稀粥，没有筷子，也没有菜，“人丹胡子”还是不停来强奸我。

王荷仙：

日军翻译交代说：“服务队就是为皇军服务，皇军叫你们干什么，你们就干什么，不准反抗，也不许逃跑。”就这样，母亲和几位姑娘被安排住在据点的一间茅草屋里。起初，她们被安排扫地、做饭和洗衣服。到了第四天，灾难降临。那天晚上，7名日军把母亲叫到他们的住处，二话没说就剥光了她的衣服，按在床上强奸……当母亲衣服不整地哭着回到住处时，另一个姑娘也同样被日军刚刚糟蹋了，她头发蓬乱、衣衫不整、跌跌撞撞地回来。她们抱在一起，哭成一团。从此以后，几乎每天她们都被日军拉去折腾，不分白天黑夜。

母亲受不了折磨。在那年7月的一天，日军大部分去公路监工，据点里的几个日军除站岗外都午睡了。母亲认为这是逃跑的好机会，便借口解手，逃出了日军据点。可刚出日军据点，不巧被日军哨兵发现了。哨子一响，午睡的日军就都从宿舍里冲了出来。母亲没有跑多远，就被日军抓回来了。

谭玉莲：

1944年春，日军在大村扩建据点，我和谭亚细、李亚迈被押送到了大村据点。在大村据点日军要我们砍山、锄草、扫地、洗衣服、搞住宅卫生，还有就是被他们强奸。

大村据点有30多个日军，南林峒据点约有100个，南林峒据点的山下还有个日军兵工厂，据说生产武器弹药，日军也曾押着我们几个姐妹去过。有一次，日本兵上山检查修路，要我们给他们背水壶。走到山上的一处小山沟里的时候，日军就抱住我们先乱摸，后就强奸。我们都得顺从，不然就要遭毒打。

王荷仙：

日军一个曹长把母亲拖进房间，撕破衣服，按在床上施暴。这时母亲就在这个曹长的肩膀上咬了一口，曹长就拳打脚踢，把母亲打得不省人事，然后找来绳子把母亲的双手捆住，拖到据点旁边的一棵大榕树下，把她绑在树上。日军用军刀乱戳母亲下身，母亲叫啊，他们却哈哈大笑……他们把母亲的乳房割下来，母亲痛得死了过去。最后，他们搬来干柴堆在母亲身边，淋上汽油，就这样母亲被这群野兽烧死了……

谭玉莲：

我们住在大村据点差不多将近一年，一直到他们投降。

（本章采访于2002年）

第 24 章

“因为我漂亮，他们没有杀我”

海南陵水。据当地人说，当年日军即从这里登陆，以后他们又将大量的物资源源不断地通过这个码头运走。

港坡是海南省陵水县东部一个黎汉杂居的村寨，港坡村因港坡河而得名。港坡河绕村而过，流入大海。

港坡村的东边有座山岭，村里人都叫它“苦气岭”。苦气岭上树木不多，灌木丛生，山脚一直延伸到浩瀚的南海。

当年日军占领了陵水县城后，港坡村的村民为了防止日军突袭，就派人爬上苦气岭白天黑夜地瞭望。而每到晚上，村民们则都躲到苦气岭上藏身。1939 年 7 月，陵水县城里的日军曾两次出兵包围港坡村，但都被村民及时发现，村里人得以逃生。

1939 年农历七月十九那天晚上 9 点，陵水县城的日军出动 400 多人再次包围了港坡村。日军见村中无人，便又围住了村民藏身的苦气岭。这时，苦气岭上 1000 多港坡村村民已在露水下入睡，他们并不知道死亡已经悄悄来到身边。

一位村民被刺杀时的凄厉惨叫，撕开了这场屠杀的帷幔。天色微明时，山上的村民已被日军围杀过半，通往山上的小路上铺满了被刺刀刺死的村民的尸体。天亮时，日军把所有村民驱赶到一处山坳里，指挥官一声令下，400 多个端着刺刀的日军冲向了手无寸铁的村民。惨无人道的屠杀一直持续到中午。那天，日军杀死村民 310 多人。日军撤走前，又涌进村子抢走了村民家里的财物和牲畜，最后他们用一把火烧了村庄……

今天的港坡村，已是一个人口稠密、商铺林立的集市，连着陵水县城的公路从这里穿过，公路两旁是一排排新建的住房，处处一派安居乐业的景象。如今，苦气岭成了港坡村的集体墓地，每逢清明或是节日，村里人就会到岭上来祭奠那些惨死在日本侵略者刺刀下的亲人们的亡灵。

那天晚上，19 岁的林石姑逃过了那场屠杀，但她并没能逃过厄运。在那场血腥的屠杀后，林石姑即被日军抓进了军部。

林石姑：

他们没有杀我，是因为我当年年轻漂亮。他们需要年轻漂亮的姑娘。

……他们把我抓到了岭上，就是陵水的红岭。日本人就住在岭上……

……在岭上军部的走廊里，遇到了一个队长。队长一边看我一边嬉皮笑脸

林石姑，生于 1920 年，海南陵水县光坡镇港坡村人。19 岁时被日军抓去关押于军部，关押期间因反抗日军性虐待，胳膊被打断，曾几度自杀过。

地哇哇啦啦说了些什么。翻译告诉我：“队长说你很漂亮，他很喜欢你。”这时我很害怕，撒腿就跑，可两个日本兵立即追了上来，抓住了我。

他们把我拖进了一间洗澡房，刚才在走廊里遇到的那个队长已经等在洗澡房里了。在洗澡房里，那个队长逼我为他脱衣服，给他擦香皂洗身子。后来，队长又命令我也脱衣服，洗身子。我就挣脱开想跑出房间，但房门已经被锁上了。队长就冲上来，把我抱住，扒了我的衣裳，又把我往房内的床上推。见我拼命反抗，最后队长就取出了一把军刀，他把军刀搁在我脖子上，我就被他吓住了，只得随他玩弄……

……开始的一段时间，我一直都被这个队长一个人糟蹋，他还说要娶我，把我带去日本。开始看他对我的样子，我还真的有点相信。大概一个月左右，他就对我不感兴趣了。队长又有了新的姑娘，就像我当时被刚刚抓过来时一样，他又糟蹋新抓来的姑娘去了。

有一天，有个叫“斗田”的日本兵进了我的房间，平时他们是不敢进我房间的。“斗田”进来后，就嬉皮笑脸地扑向我，要强奸我。我就喊队长，让他来保护我。可“斗田”说队长把我给他了。我不相信，就继续喊队长，我的房间离队长的很近。我的喊声他能听见的，但直到“斗田”把我强奸了，队长也没有来。我知道“斗田”说的是真的了。我先是大声地哭喊，“斗田”狠毒得很，就打我。后来我就不吃不喝了好几天。

我在“斗田”手里又被糟蹋了十多天。看到我被“斗田”强奸，队长还笑。

“斗田”把我的胳膊也打断了。

“斗田”不要我了后，我就每天要被许多日本兵强奸。我不肯，他们就打我，用枪把子打……

那时我才19岁，在村里没有人不夸我长得漂亮。

85岁的林石姑反复地说着“那时我才19岁，在村里没有人不夸我长得漂亮。”我知道，这话里既有她对自己美好青春的惋惜，更有对当年日军的仇恨。

林石姑：

来月经的时候他们也要糟蹋你，一不顺从就要打你，他们要你怎么样你就得怎么样，违抗不得……

……过的不是人的日子，好多次都想死掉。

一次想跳河死掉，可又被人拽住了，不让死……

在这些遭受日军疯狂蹂躏的妇女当中，既然有人选择自杀，有人选择出逃，有人选择反抗，那么，一定也就会有人选择复仇。

1945年夏的一天，海南保亭加茂日军据点里的一位劳工，他偷偷找到一位当地慰安妇，让她引诱日军小队长到众排山的一间山兰园寮棚里玩。这位慰安妇就通过一位伪军鼓动日军小队长出来玩。日军小队长果然同意和她出去玩一玩。

掩面而泣的林石姑。林石姑说因为被日本人抓去过，就觉得自己被人看不起，也因为这个，这辈子受了太多的苦。

那天下午，小队长带一挺手提机关枪，还有两名伪军（其中就有鼓动小队长出来的那个伪军），领着这个慰安妇上了山。众排山离日军据点有4公里，走到山兰园寮棚时天已黄昏。几个人吃完带来的食品，两个伪军就走开了。这时，寮棚里只剩下小队长和这位慰安妇。晚上，小队长在折腾了这位慰安妇很多回后，才睡去。当日军小队长一睡着，这位慰安妇就照那位劳工的吩咐，悄悄离开了山兰园。

第二天，这位慰安妇听给日军当医生的一个本地人说，日军小队长昨晚被游击队打死在山兰园寮棚里了。据说小队长中了两枪，第一枪打在腰上，他翻身下床，伸手要抓手提机枪时，又被补上一枪给打死了。给日军当医生的本地人说是他亲自带人给小队长验尸埋掉的。事后，这位慰安妇才知道那位偷偷找她的劳工是游击队里的人……

1992年初，有关研究人员在日本防务厅的秘密档案中发现一份1938年7月发布的绝密令，绝密令中写道："为能有效地降低日本驻海外士兵强奸事件的发生率，以减少被占领国人民对日军巡逻队的报复行动，各部队应迅速建立一个能使日本士兵在作战空暇时，在性方面可以得以充分满足的机构。"日本侵略军根据这一指令，在各占领区迅速建立了所谓的性服务管理机构，并在被侵略国家强征青年女性充当日军性工具。但日军这种使士兵"在性方面可以得以充分满足的机构"并没有"降低日本驻海外士兵强奸事件的发生率"，甚至此机构的本身就是一场最大规模的强奸运动，所以"以减少被占领国人民对日军的报复行动"就只能是他们的一个梦想而已。

（本章采访于2002年）

第25章
姐 姐

据村里老人回忆，当年日军在祖关（海南省陵水县）附近设有多处据点。日军据点一般有三四幢营房，营房用铁丝网和壕沟围着，营房中还有地洞。每个据点一般有兵力25人左右，设有一曹、二曹和翻译各一人。据点一般有战马两到三匹，轻重机枪各一挺，短枪三支，步枪20多支。

这些据点的日军为了满足性欲，都会强迫当地青年妇女到据点里去充当慰安妇。慰安妇分为长期和短期两类，场所一般也就在据点内的营房里。慰安妇里有长期专为一曹和二曹服务的。临时性的慰安妇由各村轮流提供，如果哪个村敢违抗，日军就威胁要杀死全村人，烧光全村房屋。

1943年10月，日军从被强征来修筑公路的各村民工中，看到了一位年轻漂亮的姑娘——高玉桂（与她相识的同村姑娘都叫她“姐姐”），日军便安排高玉桂到军部为他们做饭。

做饭只是个借口，他们的实际意图是想将高玉桂变成他们发泄兽欲的工具。高玉桂刚被带进军部，便有一个日军军官想强奸她。然而由于高玉桂的极力反抗，她跑了出来。

高玉桂跑了，日军非常恼火。

当天下午太阳快要落山时，他们就集中修路的300多名民工排队坐着。

翻译先问："高玉桂逃跑到哪里去了？你们谁知道？"

民工们回答说："我们不知道。"

这样的回答让日军更加暴怒。

日军从人群中拖出12个人，这些人多数是老人和少年。他们把这12个人用绳子一个连着一个捆起来，然后押到一块坡地上，让他们跪在那。

这时，一位日军军官抓着一把大砍刀走了过来，他举起刀朝其中一位十五六岁的小孩脖子砍去，只见血喷出很远，孩子的头掉到地上。

其他日军也挥动钢刀，朝其他被捆的人砍去……12个民工一个个相继被砍掉了脑袋。

一位侥幸活下来的村民后来这样回忆：他已被连砍带刺了3刀，其中一刀从背部刺通到胸部，由于他身体瘦小（当时他只有12岁），又非常害怕，便缩在一位妇女身前，看见日军举刀的时候，已吓得晕过去了。等他苏醒过来时，太阳已经落山了。他解开捆在手上的绳子，发现压在自己身上的那位妇女头已经被砍掉，血浸湿了他全身。他用手推开她的尸体，沿着小路往家里爬，爬了不远就再次昏迷过去。第二天，村里人发现了他，将他抬回了家。

高玉桂逃跑后，日军杀了12位民工，但他们还不肯罢休。日军强迫高玉桂所在的那个村的甲长，两天之内要将高玉桂送到日本军部，否则就要烧毁全村房屋，杀光全村人。

村中长老召集村民商讨。无奈之下，他们只好将高玉桂找出来送到日本人手上，以保全村人安全。全村还按人头捐钱给高玉桂的丈夫，让他另行娶妻。当日上午，甲长带高玉桂上路时，全村人都在流泪。甲长把高玉桂送到日本军部后，日军立即用绳子将高玉桂捆了起来，绑在太阳底下晒，不给饭吃，不给水喝。到了黄昏，日军就把她拖到军部外面，拴在一棵树上，将她毙了。

由于日军采取这种卑鄙无耻而又毫无人性的手段征集妇女，每天都会有五六名青年妇女被强制到附近日军的据点里，这些妇女白天为日军干杂务，夜晚供他们发泄兽欲。但即使这样还是不能满足日军，他们仍要到处淫掠。

郑金女，生于1928年，海南省陵水县人。12岁时被日军抓走充当慰安妇，后因患重病被家人领回。

当年年仅12岁的郑金女，就是在这样的情况下被日军强抓进据点的。下面是郑金女的讲述。

郑金女：

那时，我还是个没长大不太懂事情的孩子，什么也不知道，就是听大人们说日本人来了，日子过不安稳了。也不知道为什么日本人一来，日子就过不安稳了，只是看到大人们常常在一起议论这事情。

有一天，我跟妈妈一起在水田里干活。记得那天天气特别热，天空没有一片云彩，汗水把衣服都浸透了，粘在身上。

谁也不知道，大人们经常议论的日本人，这时就真的来了。

当时，我一抬头，就看见好几个人站在离我不远的前方，他们穿着一样的衣服，每个人手里都拿着枪。我当时想，这大概就是大人们说的日本人了，也不知道他们是什么时候来的。见我发现了他们，他们就叽里哇啦的乱嚷，用枪对着我，示意我走过去，到他们那去。

我当时小，不知道怎么是好。日本兵把枪弄得哗哗响，我就从田里朝他们走过去。到了他们面前，日本兵就围着我，叽里哇啦的，用枪抵着我往路上赶，手还在我的身上到处乱摸。

妈妈一看情况不好，就扔下手里的活，赶忙跑过来，求他们放过我，说我还是个孩子。

日本人用刺刀逼我妈妈回去。妈妈就一边挣扎一边哭喊，求他们放过我，放过孩子。

日本兵根本不管我妈妈怎么样哭喊，他们用枪指着我，推推搡搡着就把我带走了。

刚刚走离村子不远，日本人就把我推进了路边的树林里，他们就在那里强奸我。那时我还小，疼得叫，日本人就不许我叫，还打。我就咬着牙，不敢出声。

日本兵一个一个上来强奸我。

好不容易等到他们一个一个发泄完了，我以为这下可以回家了，但他们还不放过我，把我拉起来，继续押着走。一路上我一瘸一拐地，血顺着腿往下流。

郑金女和丈夫卓得风。由于生活艰辛，郑金女的身体在很多年前就佝偻了。

过一条小河时，日本人让我用河里的水把身上的血洗一洗，我洗了又流下来，洗了又流下来，看到自己流了那么多血，把河水染红了，就想自己会不会死掉，就害怕，直哭。

到了祖关的军部后，日本人把我关进了一间屋子。当天晚上，有四五个日本兵再来强奸了我，他们先围着我看，就像看一只被他们抓住的猴子，然后就动手扒我衣服，几个人一起动手……

后来由于我身体流血厉害，才停止了。

第二天我就起不来了。家里人来找我，日本人也不让见。我都能听见家人的声音，他们在哭求日本人。

家里人在外面哭，我就躺在屋子里面哭。

我在关我的那间小屋里躺了很多天，这期间每天还是不停地有日本兵来。那时候我还小，一见人来就哭，身体就忍不住地抖得厉害，日本兵看我吓得越是发抖，他们就越厉害……

这么些年过去了，但那几十天里的每一件事，我都记得。一天下午，又有日本兵进来，一个人，知道没有好事，我就转过脸不看他。但是过去了好一阵子，也没人碰我。别的日本兵进来，都是火急火燎地向你扑过来，当时我不知道这个日本兵到底是怎么想的。我转过脸看他一眼。见他就倚在离我一米多远的地方，看着我。见我也看他，他就轻声细语地和我说了些话。也不知道他说的是什么，但自从来到这里以后，还没有人这样和我说过话。那天他没有对我做什么，然后又有日本兵进来，他就走了。这是我见到的一个和其他日本兵不一样的日本兵。看上去他不大。

后来，我不能吃也不能喝，加上我身子骨本来就单薄，眼看就要不行了。家里人害怕我被日本人糟蹋死，就每天都来央求他们。最后，日本人就允许家人把我带回家了。

（本章采访于2002年）

第 26 章

“军中乐园”

关于金江慰安所和黄流机场慰安所的回忆。

金江，即今金江镇，位于海南北部的澄迈县中部。黄流机场，位于海南省乐东县黄流镇，日军修建，战争中遭破坏，已荒废。

1940 年 4 月，日军控制海南岛后，为了把海南建成一艘“永不沉没的航空母舰”，为其在华南战场和西南战场进行空袭，同时作为向南入侵东南亚各国的战略基地，即在海南黄流设立军用机场，番号为航空 13 基地。日军黄流机场位于海南省乐东县黄流镇铺村、赤龙、新荣、秦标等村之间，机场占地面积约 30 平方公里。为了修建黄流机场，当年日军从各地抓来了 3000 多名劳工，推平 5170 多亩坡地，填埋 8600 多亩良田，拆毁了新荣、官园、赤龙、茅坡、酸梅头、多能、海棠等 24 个村庄的 6950 多间民房。机场建成后，日本在这里驻有一个飞行联队，约 8500 多人，兵营占地 2 平方公里，队部设在黄流镇赤龙村（队部大楼还在），队部旁边住有慰安团。飞机场周围还建有许多暗堡以及防空等秘密军事设施。在当地老百姓有传说，日本人在机场还建有一座非常大的秘密的地下物资仓库，因为仓库竣工后参与修建的劳工都被处死，所以这座仓库的具体位置至今无人知晓。黄流机场战略意义重要，是日军侵略海南后修建的最大的军用机场，它控

日军在海南遗留下的军事建筑废墟。

制着整个东南亚。战争期间，日军的飞机曾多次从黄流机场起飞，轰炸广西的中国军队和战略运输线等。

讲述人朱永泽，海南澄迈县人，小时家住日军金江慰安所旁，曾目睹慰安所里的一些事情。

讲述人钟强，海南黄流人，生于1921年，抗战时曾任国民党152师情报参谋。1945年冬奉调到黄流机场与投降日军办交接手续，从而得知日军黄流机场慰安所的一些情况。

讲述人阿燕婆，海南黄流人。

朱永泽：

1939年冬，侵略海南岛的日军十五警备司令部派遣两个警察中队入侵澄迈县，每个中队约300余人。一个驻在金江镇，一个驻在石泽乡的石浮岭。日军每个中队设一所“慰安所”。金江中队慰安所，设在金江乐善堂旁边陈国宗的家里，有慰安妇 30 余人。陈国宗一家被驱逐到别处居住，楼上楼下几百平方米全部供慰安妇居住，四周用铁丝网团团围住，并设专人管理。关在里面的慰安妇是无法逃跑的，外人也无法进去。驻石泽中队的慰安所设在石浮岭的队部里，有慰安妇 20 余人，也是用铁丝网围住，派专人看守和管理。

这些慰安妇都是被抓来的。山口乡一位姓叶名叫黑姑的农民妻子，刚生孩子不久便被抓进慰安所服役，丢下丈夫和孩子在家里，直到日本投降后，一家人才得到团圆。文儒乡加炳村一位农民的妻子被抓进石浮慰安所后，受到日本兵日夜轮奸，后来染上梅毒病，才被释放回家，回家后又将梅毒病传染给丈夫，夫妻倾家荡产卖掉耕牛和生猪，拿钱请医诊治，才保住了性命。

慰安妇里长相特别漂亮的，被选进队部专供指挥官玩乐。丰盈圩有个年轻姑娘名叫塔市姐，就是这样。

慰安所里还有一条规定，就是非日籍士兵不得进所，违反这条规定的会受到从严处置。

钟　强：

黄流机场日军慰安所称“军中乐园”，其实是随军妓院。“军中乐园”设在黄流机场东门外围，有宿舍两间，分为两个“乐园”。第一“乐园”有慰安妇 5 人。第二“乐园”慰安妇有 16 人。第一“乐园”慰安妇专供空军军官玩乐，第二“乐园”供空军士兵专用。

慰安妇大部分是从广州抓来的。我到黄流机场接收日军投降时慰安妇仅存 4 人。后来我们给她们都安排了工作。其中一人名叫吴惠蓉（广州人，海南解放前夕，随丈夫去了台湾），有一天她和我谈军中“乐园”情况，泪水直流，讲道：我 16 岁被日军抓来，同时被抓来的约有 100 人，到黄流后只剩下 40 多人，其中留一部分在黄流派遣队（即黄流司令部）。我们是从中挑选出来送到黄流机场的，挑我们 5 人为军官“乐园”慰安妇，其余的人做了士兵“乐园”慰安妇，供日军轮班玩弄取乐。有时月经不调，或是因病不能满足他们的兽欲，就遭殴打，有的甚至被打成重伤。特别是日军喝酒后，我们更受不了，被侮辱被折磨得更厉害。“军中乐园”有哨岗日夜看守，我们完全失去人身自由。我们日夜思念自己的父母、姊妹。黄流日军派遣队慰安所的姊妹们境况也是跟我们一样，非常悲惨。

阿燕婆：

1943年1月28日，我到邻村探亲回来时，被日军士兵抓住。当时我21岁。他们把我带到黄流镇兵营，兵营里共有6个年轻姑娘，都是从附近乡村抓来的。日军把我们6个姑娘分成两组，一组被带到黄流机场的慰安所，我和另一组姐妹被带到另一所慰安所。慰安所里有许多是从其他地区抓来的年轻妇女。我们6个被押进这个慰安所后，安置睡在有地板的地铺上，每人只有一条毡子。日军士兵进来就剥光衣服把我们一个个按在地板上强奸。日军的兽行，我是永远不会忘记的。

（本章采访于2002年）

第 27 章

羊泉村往事

坐落在太行山脉深处的羊泉村，静谧而安详。

这个用碎石块垒砌而成的古朴小村，依山而坐，如一位皓首虬髯的老人。秋日的阳光照在村子里，让每一幢房屋、每一棵树都在地面上留下了边缘分明的阴影。石墙和石门洞就这样寂寞地屹立在自己黑色的阴影上。

村后的山坡上，羊群在吃着草，而放羊人已不知躲到哪棵树下去睡觉了。山坡的羊群里不时发出咩咩的叫声，就像是群山或是小村发出的呓语。

一切显得慵懒而恬适。

刘面换坐在炕上，透过窗户，她可以看到自家的整个院子。院子的一边满是残垣断壁，这是 60 多年前日本人轰炸留下的废墟。这些废墟还是保持着当年刚刚被炸时的样子，就像此时正盘腿坐在炕上的刘面换，她也还是坐在当年日本兵冲进屋来时她坐的那个位置，还是保持着被日本兵抓走前的那个姿势。这些年来，院子里似乎什么都没有变化。刘面换一直保留着这些废墟，或者说刘面换一直没法清除掉这些废墟。而当年那个 16 岁的黄花闺女，如今却已成了年逾古稀的老人。

夕阳洒在石墙上，洒在弯弯曲曲的小道上，羊泉村被涂了一层血样的光芒。刘面换领着我一边在村中走着，一边讲述着。村里的每一块石头，

羊泉村里至今保留着的当年被日军炸毁的建筑废墟。

似乎都是一块字碑，或是一声呐喊，它们记着那段日子。

村子脚下的小溪仍在潺潺地流着，溪水的两岸笼罩着一片雾样的暮霭。

羊泉村就如一个巨大而又沉重的黑色走廊，60 多年来刘面换就这样一直在里面走着。羊泉村就像一个巨大而仍在流血的伤口，60 多年来刘面换就这样一直在这里擦拭着。

1995 年，刘面换老人已正式向日本政府提起诉讼，她要求日本政府对当年侵华日军在她身上犯下的罪行负责，向她公开谢罪并给予赔偿。

刘面换:

1943 年 4 月的一天，家里忽然闯进来四个日本兵和三个伪军，他们要我到村外边的场院上去开会。我没有出去，他们就把我胳膊反扭住，扭着就往村外走。

刘面换在对记者讲述：当时日本人就是从这里冲进屋里来的。刘面换当年就是在这间屋里被日本人抓走的，她至今也还住在这间屋里。刘面换生于 1927 年 5 月，山西盂县西潘乡羊泉村人。1943 年 4 月被日军抓进据点，后被家人赎回治病，因害怕再次被抓，病愈后躲到山里，直到日军撤退后才返乡。

我被抓到村口时，看见还有本村的另外两位姑娘，也被抓来了。一个叫冯壮香，另一个是本村的新媳妇刘二荷。我和冯壮香、刘二荷被日军用绳子拴着连在一起，防止我们逃跑。

刘面换说到的冯壮香，生于1925年，比刘面换大两岁，已于1994年去世。刘面换说到的新媳妇刘二荷，生于 1923 年，比刘面换大四岁，已于 1990 年去世。刘面换和冯壮香、刘二荷是同时被日军从村里抓走的。

冯壮香活着的时候曾经讲过自己被日军抓去后的情况，她和刘二荷、刘面换从羊泉村被抓走后，日军将她们押到了进圭村，在进圭村的一个院子里，她们见了“毛驴小队长”后，冯壮香就被两个日本兵带进村边的一间“慰安屋”里。“慰安屋”很小，光线很暗，冯壮香进去还没有适应过来，就被一个日本鬼子推倒在了土炕上。当时她不敢挣扎，也不敢哭泣，不敢睁眼睛，只能任凭日军摆布。日本鬼子先把她的裤子脱下来扔在地上，又把她的衣服也脱光，然后一个日军扑上去强奸她，另一个日军在边上看着。强奸她的日军像狗一样用嘴撕咬她的胸脯，冯壮香忍不住痛，用手去护胸部，但被站在一旁观看的另一个日军将她的手扯开了……一个日本兵完了，另一个日本兵又扑到冯壮香的身上。直到过了半夜，日本兵才走完。

据说冯壮香从进圭据点回来之后，每天将自己关在家里，不出门，更不出村。三年以后找了一个残疾人做了丈夫。一生凄苦。

刘二荷情况不祥。

刘面换：

到进圭据点有30里地远，我们脚小走不动，日本兵就用大枪的枪托打。骂声不断，催我们快走，跟上队伍。从早上一直走到中午过后才到进圭。到了进圭，日本兵带我们到一个院子里。这时，一个当地人叫他“毛驴小队长”的日军小队长和几个日本兵来到我们面前。他们让我们依次站好，“毛驴小队长”看了我们一会儿，对着我一笑说：“花姑娘，好。”

到了晚上，我被从屋子里带出来，说是要到“毛驴小队长”住的地方去。他们没有直接把我送到“毛驴小队长”住的地方，而是把我先带到了另一个房子里，用枪指着我，让我脱下裤子。

他们把我轮奸了之后，才将我送到“毛驴小队长”住的地方。我在“毛驴小队长”的屋子里住了一夜，那夜“毛驴小队长”强奸了我好多次。那年，我刚刚15岁。忍着痛，好不容易熬到了天亮，我才被送回到关押我们的房子里。

当时我非常害怕，不知该怎么办。就在房子里一个人哭，也没有人和我说话。到了晚上晚饭刚过，就来了一个日本兵，这个日本兵又把我强奸了。这个刚刚走，后面跟着就又来了一个……就这样，这天晚上，共来了8个日本兵强奸了我。我实在受不了，就大声哭，大声地喊。日本兵不让我哭，也不让我喊，

刘面换与家人合影（刘面换本人提供，拍摄于20世纪80年代）。

把我的嘴用手捂住。我要挣扎，他们就打我。

到了白天，也有日军到房子里，强奸我。不顺从，他们就打。举起大枪就打，把我胳膊打成重伤，不能再挣扎，不能再推他们。这条胳膊一直疼了很长时间，现在两条胳膊一条长一条短，不能劳动。就这样，我在一个多月以后，就不能坐也不能走动了，全身浮肿，不成人形。我父亲在家中坐卧不宁。我父母只有我这一个儿女。就在这一个多月中，我父亲到了进圭据点8次，都见不到我，父亲非常着急，尤其听说我病重，他更加着急。他找亲戚走关系，找到能靠近日本人的维持会的主事，央求日本人放我回家治病。

为救我，父亲回到家中，把家中所有积蓄和值钱的东西卖掉。又把一群绵羊送给日军。日军这才允许放我回家治病。我回到家里，全身不能动弹。每天坐在炕上，全靠父母照顾。父亲四处为我请医生买药。一直到几个月以后，我的身体才有所复原。我的身体刚好，就有密探告诉了日军。日军就又来抓我。家里得知消息后，就把我藏起来，后来又躲到山里去。我不敢回村，一直到日军撤退才回来。我20岁的时候结婚，因为受到日军糟蹋的原因，我嫁了一位死了老婆的老头，现在他已经去世多年了。

1996年7月19日上午11时，刘面换在日本东京地方法院民事103号大法庭的法庭证言：

审判长：你到日本法院想说些什么？

刘面换：我是作为中国人的战争被害者到这里有话要讲，我要让日本的年轻人听听日本军队干了些什么坏事，想在这个法院打坏蛋！

审判长：你怎样知道来了日军？

刘面换：服装和帽子不同，立刻知道。

审判长：你几岁了，来了日军？

刘面换：满15岁。

审判长：日军来时，是什么时间？

刘面换：早饭时候。

审判长：来到什么地方？

刘面换：羊泉村我的家。

审判长：（甲八号证：出示证明）这是什么？

刘面换：这是被烧的家，四月份烧的，之后，日军来了，我被抓走。

审判长：当时，谁在？

刘面换：有父母，还有汉奸林士德和二鬼子、三鬼子三个人。

审判长：当时你在哪儿？

刘面换：我在炕上。

审判长：那三个人做些什么？

刘面换：说让出去开会，我没出去，被其中一人（林士德）连拽带打，拖到院子又打。父母都被赶到外面去了。

审判长：其他，有谁在场？

刘面换：聚来很多村里人。

审判长：当时汉奸有多少人？

刘面换：有 20 来人。

审判长：（出示甲八号证之三照片）有抓你去的地方吗？

刘面换：在下面部分。

审判长：被抓走的人中有年轻女性吗？

刘面换：有。

审判长：其中有认识你的吗？

刘面换：都是我们村的人，我们村有 3 人，被抓走的总共有 5 人。

审判长：你们村的另两个女性呢？

刘面换：刘二荷、冯壮香。

审判长：有会吗？（指开会）

刘面换：没有，对我们说去进圭村，就把我们抓走了。

审判长：怎样抓走的？

刘面换：被一帮人推搡着，拖着，我坐着不起来，被硬拽扯着，抓我胸襟，我说不去，就连拉带打。

审判长：（出示甲八号证之五照片）这是什么？

刘面换：这是被抓走时途经的路。这个门是我被打的地方，我忌讳的地方，说不去就用枪托打在肩头，想起过去的事情就非常辛酸（开始哭泣，律师劝止）。

审判长：日军狠狠打你到什么程度？

刘面换：打得骨折，我还是不去。于是用绳子绑住，套在脖子上，两手捆住。然后，用刺刀顶着，没办法我只好跟着走。

审判长：当时，他们说些什么？

刘面换：说“杀了你！”就这么脖子上拴着绳子，被抓走了。

审判长：进圭村是什么地方？

刘面换：有很多日军的地方。

审判长：之后，怎样了？

刘面换：三人一起被赶进一家农屋，后来我被带到窑洞去了。带去的途中，在院子遇见“毛驴小队长”，“毛驴小队长”说声好可爱，就去别处去了，我想这下我回不去了。于是，我被带到窑洞去了。

审判长：你一直被关在窑洞里吗？

刘面换：是的，晚上，我被“毛驴小队长”叫去了。

审判长：去炮楼再怎样走？

刘面换：是梯子再下来就到了屋子。

审判长：从窑洞出来了吗？

刘面换：上着锁，又有看守，出不去，出去只有上厕所时。

审判长：（出示甲八号证之十二照片）窑洞用什么造的？

刘面换：石头砌的，像个石头垒起来的洞。

审判长：进了窑洞时，发生了什么事？

刘面换：到窑洞时是下午，我被带我来的林士德强奸了。我烦他吻我，他就打我。叫我脱衣服，并要硬脱，我大声喊，他就把布塞进我嘴里。然后，我被他强奸了。被林士德强奸后，又被两个汉奸和三个日军强奸了。

审判长：你反抗了吗？

刘面换：是的，但是被刺刀逼着强奸的（哭起来，律师劝止），我肩膀很疼，动不了，直被打得骨折。我不愿想起它，肩膀疼了一辈子。（哭喊，渴了，律师递过来水壶）

审判长：那天夜里怎么了？

刘面换：被“毛驴小队长”叫去了，由林士德带走，去了炮楼。林士德冲“毛驴小队长”队长行了个礼就出去了。“毛驴小队长”说“脱”，我说“不”。他就灭了灯，拿出刀，开始解衣服扣子，把刀贴近我脖子。我想这下我死了，回不了家，见不到父母了。之后，被他强奸了。被强奸后，我站起来穿上衣服，但没能回窑洞。过一会，“毛驴小队长”说“脱”，又把我强奸了，那晚强奸了3次。其后，有人接我回了窑洞，在窑洞又被林士德强奸了，计强奸了10次，我动不了。

审判长：用枪托砸的痛法？

刘面换：现在还疼，当时更疼。

审判长：打那天以后，每天怎么的？

刘面换：有40来天被关在进圭村，每天有5到8人强奸，几乎都是日本兵。夜里每晚在炮楼被“毛驴小队长”强奸。

审判长：身体有何变化？

刘面换： 身体浮肿动不了，连上厕所都得爬着去。

审判长： 吃的是什么？

刘面换： 小米，苞米粥，一天两顿。

审判长： 你后来怎样了？

刘面换： 过 40 天，看守和我的亲戚取得联系，“这么下去得给整死”。由亲戚和父亲联系。父亲拿着亲戚给的 100 块银圆，来领我，我是趴在家里准备的驴背上回的家。日本兵后来还要抓我走，家人就把我藏在地窖，说“看病去了”，日本兵这才死心回去了，约好等我好了就回去。

审判长： 你说不成个人样儿是怎么回事？

刘面换： 脸浮肿，身体也肿了，走不动，枪托打、脚踢的伤处现在还痛，几乎都拐着走，右腿被踢得不听使唤。

审判长： 你怎么看的医生？

刘面换： 医生每天都来，过了 6 个月后，拿到处方药吃。

审判长： 是什么病？

刘面换： 身体浮肿和子宫糜烂。

审判长： 子宫糜烂的症状？

刘面换： 医生摸摸肚子和腰，就知道了。

审判长： 来窑洞之前身体怎样？

刘面换： 什么毛病都没有，到窑洞后才疼起来。

审判长： 治病花了多长时间？

刘面换： 一年半左右。

审判长： 别的还有什么感觉不好的地方，一个一个说出来。

刘面换： 右手长，左肩突出，右肩凹陷，右手不能再长了，左手不能随意拿东西，疼痛一直有，右腿一迈就疼。脑后一枕枕头就痛。从 15 岁开始一直每天吃止痛药。

审判长： 其后你的生活怎样了？

刘面换： 生活很穷，没有帮助，和一个死了老婆的男人一起过。

审判长： 丈夫是做什么的？

刘面换： 务农，我帮不上，家务也指望不上我。

审判长：最后有什么要讲的？

刘面换：我被日本人蹂躏，受到很大摧残，这才来到这里。我要他们低头谢罪，我已活不了几岁（年），我不说谎。

刘面换退庭。

（本章采访于2003年）

第 28 章

尹玉林的秘密

1991 年的冬天，在山西省阳曲县东黄水镇郑家寨村的一孔土窑里，一位老人即将离开人世。

老人穿着寿衣，躺在炕上，家人都守在他的身旁。窑外冰天雪地。

即将离开人世的老人叫杨二全，此时他的妻子尹玉林正拉着他的手盘腿坐在他身边。这几天来，尹玉林就一直低头坐在老伴杨二全的旁边，不说一句话。

杨二全的嘴巴里已经说不出清楚话，但他没了神的眼睛却仍在看着尹玉林。

此时，尹玉林的内心在挣扎。她有一个隐瞒了老伴一辈子的秘密，她想不准该不该在这个时刻告诉他。尹玉林知道，这是他俩的最后时刻。他现在还能听见，告诉他还有机会。尹玉林也想过就这么瞒他一辈子，他也不会怪她，自打两人到了一起，他从来就不曾打探过一句她过去的事。尹玉林也知道，他不打探不是他不想知道她过去，而是他不愿难为自己。尹玉林曾经好几次想对老伴说出自己的这个秘密，但每次话到嘴边又都咽了回去。现在，只剩下这最后一次机会了。但如果告诉他，这对此时的他又能算是公道吗？可是不告诉他肯定是更大的不公道！尹玉

尹玉林，生于1920年，山西省盂县西烟镇人。1941年春，尹玉林和姐姐尹春林一起被日军抓走，姐妹俩在日军炮台遭性摧残达两年多时间。

林不想再错过这个或许能让自己内心安宁的机会了。

尹玉林最终决定，在老伴生命的最后时刻，自己不能再隐瞒他了，她要把自己的那个秘密告诉他。

尹玉林抬起了头，她看着围在老伴身边的儿女们，然后对他们说：“看样子，你爹马上就要走了，我和他在一起生活了几十年，苦也好，难也罢，我们就这样风风雨雨拉扯着走过来了。这几十年里，我们之间没有什么不说的话，他对我更是把心都掏出来了……但有一件事，几十年来我都一直瞒着他。今天，我不想再瞒他了，想把这事告诉他。”尹玉林低着头，抚摸着老伴的手，“这话我现在还不想你们也知道。这话我要和你爹单独说。”

儿女们都惊奇地看着母亲尹玉林。爹娘几十年来为了把他们拉扯大，共同含辛茹苦操心费神维持这个家，在他们的记忆里，爹娘没有红过脸，甚至没有大声说过话。那么娘究竟有什么事几十年来一直瞒着爹？儿女们默默走出了窑。

等儿女们全都走出了窑，尹玉林把老伴的手拉到了自己的胸口，然后俯下身，将头贴向老伴杨二全的脸庞，她的泪水就一滴一滴落在老伴的肩上：“现在窑里就剩我俩了……这件事我瞒了你几十年了，现在我不能再瞒了……”然而就在这时，尹玉林发现老伴的两眼已经空洞洞的没有了神，她就又急忙对他说：“老头子你别急着走啊……”

最终，杨二全没等尹玉林把秘密说出，就合上了眼睛。

窑外的儿女们听到尹玉林的哭喊声，就一下子涌进了窑里。见爹已经走了，儿女们就围着他一起哭了起来。

就这样，尹玉林没有能够在老伴临终前将自己的秘密告诉他。

后来，直到杨二全下葬许多天以后，尹玉林又一个人来到了他的坟前，她一边烧着纸，一边把那个秘密详详细细地说给了他。但没能在老伴活着时让他知道这个秘密，这事始终都是尹玉林的一块心病。

在我走向尹玉林家的窑洞时，我看到尹玉林和儿子杨贵荣正在门前的土场上晒着粮。见有人走过来，杨贵荣便停在那朝我张望，而尹玉林则急忙进了窑。

尹玉林家的窑洞很深，窑洞深处的壁上还开着一扇门，进入这扇门，走过一段长长的过道，里面又有一孔窑，这里暗暗的，很少有人来。尹玉林就住在这孔窑里，平时很少出来。

而在自己的生命行将走至终点的时候，尹玉林终于决定她要向所有人公开自己的这个秘密。

尹玉林：

1941 年春的一天，驻在河东炮台上的日本鬼子到村里“扫荡”，我们家里的人没有来得及跑，就都被他们抓住了。

当时我们一家人紧紧挨在一起，互相抱着，挤成一团。日本鬼子用刺刀把我还有我姐姐和家人分开，我爸爸就死死地拉着我们姐妹俩不撒手，鬼子就用枪托砸他，用刺刀戳他。

我和姐姐被鬼子拉到一边，他们当着家里人的面，就把我和姐姐强奸了。

当时我妈妈就跪在地上求他们，家里人都扭过头蒙着脸哭。

（尹玉林哭泣。）

把我们姐妹俩糟蹋完了，就要我们穿好衣服跟他们走。我们不肯，家人也求他们。鬼子根本不听，把我和姐姐朝外拖。

家人就眼睁睁地看着我们姐妹俩给鬼子糟蹋，完了又被他们带走。家人不敢追，就都挤在门口，伸着脖子往外瞧，一边瞧一边哭。当时我爸爸被打得在地上还起不来。

日本人用刺刀逼着我和姐姐到了他们驻扎的炮台。

一到炮台后，我们姐妹两个就又被一大批日本鬼子团团围住。他们一个个猴一样盯着我们看，然后就把我们往住处拖，一边拖，一边往下剥衣服。我和姐姐就像木头人一样，被那么多日本鬼子强奸了一遍。

接下来，每天如此。

尹玉林站在窑洞的一角，双手紧紧地握在一起。老人眼里太多的卑怯让我的目光和她的目光只一触，便赶忙逃避开。

她远远地用手示意我在炕上坐，然后就忙着去灶上烧水给我喝。水烧开后，她走出窑洞叫来了儿子杨贵荣，杨贵荣拿碗盛上水端给了我时，她

山西盂县，当年日军曾用来关押慰安妇的窑洞。

则站在远处看着，双手不停地使劲搓着。杨贵荣说，“母亲自己不递水给你喝，她是怕你嫌弃。”

尹玉林：

我和姐姐很快就被折磨得受不了了。我们想回家，不想被日本人弄死在这里。我们姐妹俩跑了好多次，但都被抓了回来。每次抓回来都要被毒打，连我们的父母都要受到牵连，被毒打。

没有办法，最后只好任他们欺负。

在炮台上两年多时间，我们姐妹俩都患上了妇科病，很严重，下身疼痛，不能走路。后来日本鬼子看我们实在是不中用了，就让家人把我们抬回家了。

姐姐尹玉香，被日本人搞得不能生孩子，后来丈夫就不要她了。她的命比我苦，改嫁了两次。

我以后来到了阳曲，和杨二全结了婚，还生了孩子。杨二全在十几年前去世了，我过去的这段事情一直都没有告诉过他，没法告诉他。

我一直觉得对不起家人，对不起孩子，我让他们遭了羞辱，让他们抬不起头来做人。对不起死了的老头子，我瞒了他一辈子。

2012年10月6日，尹玉林逝于山西阳曲。

（本章采访于2003年）

第 29 章

不该出生的人

广西桂林阳朔的山水。2006 年 4 月，日本政府首次承认在中国广西桂林征召过慰安妇。

2006年4月，日本政府首次承认在中国广西桂林征召过慰安妇。这一消息引发许多媒体的关注。人们开始在桂林寻找当年那段历史的亲历者。

据桂林荔浦县的文史工作者介绍，1944年冬，日本侵略军入侵荔浦后，在当时的公路沿线乡村都派有驻军。这些驻军负责组织运送物资和维护通信线路。当时驻扎在马岭的盐田部队（以部队指挥官姓氏为代号），有一个小队长就住在马岭街上。有一个小队住在沙子岭，30多人，小队长叫山田，还有一个班长，叫朋田。他们有4辆汽车，专门到桂林运食盐去柳州。还有一个10多人的工兵小部队，住在棉花村，因为这些日本兵常常不穿裤子，身上只挡一块布，人们就叫他们“郎当队”。另外，在佛子村也住着一个小队，是搞兵械的，三四十人，有几辆汽车，在车上安装有机器，可以生产步枪子弹。

据当地的一些老人讲，1945年春，驻扎在荔浦的日本侵略军要马岭的维持会长陈秉喜征招“花姑娘”，供他们玩乐。维持会长陈秉喜采用威胁利诱的手段，征招了新洞村的3个妇女，她们是一个豆豉客的老婆和她年仅14岁的女儿，还有另外一位中年妇女。三人被关在沙子岭陈真柱家的房子里（陈家人当时已外逃），后来日军就在这里成立了慰安所。不久，日本人又在其他地方建了多所慰安所。当时日本鬼子不分白天黑夜，都会到慰安所来奸淫妇女，但有一条：日军当官的来了，当兵的就不准去。日本投降后，维持会长陈秉喜被政府枪决。慰安所里的慰安妇则都去往他乡，她们的最终命运没人知道。

如今，桂林是否还有活着的当年的日军慰安妇？

终于有人向媒体提供了一条重要线索：在桂林市荔浦县的一个叫小古告的地方，有一位老人，她当年曾经被强征去做日军慰安妇。后来她还生下了一个日本人的孩子。现在这位老人就和这个孩子生活在一起。

小古告地属荔浦县新坪镇桂东行政村，是个只有30多户人家、100多口人的小自然村。这里的人家大都是几十年前从外地迁来的，所以虽然户数不多，但姓氏很多。

这位老人名叫韦绍兰，今年88岁。韦绍兰的儿子名叫罗善学，今年64岁。韦绍兰与罗善学母子，和当地的大多数农民一样，过着贫困而又劳碌的日子。

面对媒体的采访，一开始韦绍兰和儿子罗善学都保持沉默，甚至否认

在门前择菜的母亲韦绍兰与在屋里抽烟的儿子罗善学。

有过那段经历。韦绍兰的沉默甚至否认或许是她不愿再让那段历史来伤害自己，而罗善学的沉默则有另外的顾虑，后来他曾透露说当时他是担心一旦被人知道了自己是日本兵的后代，那会不会被抓去坐牢。

当母子俩最终明白了记者的采访意图，罗善学知道自己也不会因此而去坐牢时，他们这才完全敞开了自己的心怀。

罗善学是迄今为止国内第一个公开承认自己是慰安妇与当年日本兵所生后代身份的人。

1944年冬天，在广西的侵华日军对周围农村发动了大规模“扫荡”，抢夺老百姓收割下来的粮食作为补给。驻荔浦的各路日军同样对周边的乡村展开了“大扫荡”行动。一时枪声四起，村村冒出黑烟，百姓扶老携幼，纷纷四处逃命。

新坪镇小古告村24岁的韦绍兰背着不满周岁的女儿，也急忙朝村外逃去。韦绍兰一边逃，一边在找丈夫罗讵贤。罗讵贤一早就到田里去耕作，韦绍兰担心他会被日本人抓走。慌乱中，韦绍兰没有找到丈夫，她只好跟着村里人朝着村北的山上跑去。

韦绍兰：

山上有个山洞，村里人就都往那里躲。我背着孩子快要跑到山洞时，几个端着枪的日本鬼子突然冲了过来。我被他们抓住了。

鬼子把我拖到了山脚下。他们用刺刀逼着把我和另外6个妇女赶上了卡车。路上后来又有2个妇女被抓上车。卡车一路开着，直到傍晚才停下来。日本兵把我们拖下车，这里有一整排营房，很多日本兵。这个地方并不认识。

我们就被关进了一间狭小的砖房里。

第二天，来了一个日本军医，他让韦绍兰脱光衣服，对她进行身体检查。

韦绍兰回忆说，最早强暴她的日本兵是端着刺刀进屋的。见她不肯脱衣服，他很生气，就拿着刺刀对准她的女儿。韦绍兰害怕女儿被杀死，只得脱光衣服，任其蹂躏。

那次，直到日本兵走出房间，韦绍兰才敢哭出来。之后，韦绍兰每天都要被多名日本兵蹂躏。

为了怕孩子哭闹打搅他们行乐，有的日本兵会带几块糖果来，放在孩子的嘴里和手中。如果这时孩子还是哭闹，日本兵往往举手就打。

韦绍兰：

后来，我和女儿被分开了。

第二天、第三天，有一个女的，给我们吃药，我没有敢吃，等她走以后，我把那些药片抓起来，藏在墙角里，我不知道是什么药，不敢吃。

他们大多数用套套（避孕套），睡了我以后，套套就扔在地上，到时候一起拿出去烧。有的人不肯用套套，我也没办法。

有时候一个人来，有时候两个人来，有时候一起进来三个。

在慰安所里，日本人让韦绍兰和其他被抓来的妇女穿上和服，或者是穿一件又肥又大的日军军装。平时她们不能出门，连上厕所也有人看着，一日三餐有后勤人员送到房间。只要有士兵进到房间，她们就必须起身，弯腰鞠躬，接着脱衣解带。稍一怠慢就会招来打骂。

韦绍兰家所在的荔浦县新坪镇桂东村小古告自然村。

韦绍兰和其他妇女还常常会被日军用汽车拉着，送到别的军营去“慰安”日本兵。

一个月以后，韦绍兰的身体情况变得越来越糟糕，而和她一起被抓来的女人中，有的已被摧残致死。1945年的春天，韦绍兰最担心的，也是她最恐惧的情况出现了。

韦绍兰：

在鬼子那过了3个多月，我发现自己一直没有来月经，就知道可能是怀孕了。

因为待得久了，鬼子对我们没有一开始那样看得紧了。我就想乘日本人还没发现自己怀孕，赶紧逃出去。

一天天不亮，我装作肚子疼要上厕所，带上女儿就逃了出来。一直跑到天亮，我也不认识回家的路。我后来想起来我家好像是在东面，就朝着太阳升起来的地方走。

60 多岁的罗善学是家里唯一的劳动力。

韦绍兰带着女儿逃出了日军军营，然后朝着日出的方向走。她一路走一路问，终于在第二天中午回到了小古告村。

韦绍兰被日本人抓走三个月后，突然又回到了村里，这个消息一下子在小古告村传了开来。而村里人都以为她早就死了。

当韦绍兰抱着女儿来到丈夫罗讵贤面前时，夫妻俩不禁抱头痛哭。罗讵贤对韦绍兰说："我以为你已经死了，没想到你还能活着。现在你回来了，回来就好。"

回到小古告村后没有几天，韦绍兰不满一岁的女儿就死了。

而这时，韦绍兰的肚子却正在一天天大起来。

随着韦绍兰肚子越来越大，丈夫罗讵贤的脸色也越来越难看。罗讵贤虽然心里同情妻子韦绍兰的遭遇，但村里人的风言风语，让他抬不起头来。村里还有人劝罗讵贤，让他带着韦绍兰去把她肚里的孩子打掉，罗讵贤也好几次和韦绍兰说过这事，但这时韦绍兰肚子里的孩子已经大了，很难再打掉。

此时正是收稻季节，家家户户的农田里一片忙碌。

为了躲开人们的风言风语，最后韦绍兰和罗讵贤干脆躲在家里闭门不出。

1945 年夏天，韦绍兰生下了一个早产儿。

韦绍兰：

生下来的时候五斤二两，小小的。没有足月，早产。人家生的足月的孩子才乖巧呢。他七个月，就生下了。他是错生，你不能让他错死啊。罗讵贤不高兴，他没有照顾我坐月子，也没有在家杀鸡摆酒招待亲戚，也不给这孩子起名字，只用“阿告”来叫他。很多人都说，这孩子长得像个鬼子，你们家里生出了一个日本鬼子。后来村里人就喊他“鬼子告”、“鬼子告”。

幼年的罗善学并不知道别人叫他“鬼子告”的意思，只是感觉大家好像都不太喜欢他，一般大的小朋友也都不愿意和他一起玩，甚至还欺负他，揍他。

在家里，罗善学感觉父亲也不喜欢他。罗善学 5 岁时，妹妹罗善英出生，之后母亲韦绍兰又生了一男一女。罗善学明显地感受到父亲对待弟弟妹妹们和对待他完全不一样。

小小的罗善学变得很孤僻。

罗善学：

他们说我是日本人，我就和他们吵，一吵他们就不跟我玩了。父亲对我和其他人也有很大区别，他叫我煮饭，半边烙红薯、烙芋头，半边是白米饭。白米饭给妹妹、弟弟吃，叫我吃那半边的杂粮。

罗善英（罗善学的妹妹）：

父亲不喜欢他，他脾气古怪。吃饭时，我们吃大米饭，他呢就给他吃红薯饭。

韦绍兰：

小时孩子可怜。眼看到了罗善学应该上学读书的年龄了，罗讵贤却没有丝毫送他上学校的打算。我说怎么不送他读书？罗讵贤说读书是好，可是家里没钱。我说你不送我来送，我去砍柴、采草药换钱，送娃去读书。我用卖柴和卖草药的钱，给罗善学交了学费，让他去上学。

可他没有读几天书，就不去学校了。上学时小孩在一起就说，你是"日本鬼"，你是"日本鬼"，都叫他"日本鬼"。上学路上，还有小孩会拿石头砸他。

后来就不上学了。罗讵贤让他砍柴放牛。

罗善学：

有一回，我做了一根钓青蛙的钓竿，有个比我还小几岁的小孩，他见我做的钓竿比他的好，钓的青蛙也比他多，他就抢我的钓竿。我没给他，他就骂我，他骂我是"日本鬼"。那时，我就想不明白，我母亲是中国人，我父亲是中国人，我怎么就成"日本鬼"了？为什么他们都要叫我"日本鬼"？那时候许多事情我真的还搞不太懂。

十来岁的时候，我终于知道我真的就是个日本鬼了。我开始也不相信，但是后来我相信了。

抽烟的罗善学。罗善学，男，生于1945年夏，广西桂林荔浦县新坪镇人，母亲韦绍兰。罗善学是中国迄今为止第一个公开承认自己是慰安妇与当年日本兵后代身份的人。

有一次又有人这样骂我，我就去问大伯（罗讵贤的哥哥），他解放前是村长，知道许多事情。大伯和我讲：日本鬼子进中国，你老娘给日本鬼抓去了马岭，在那里被关了几个月，在那里做了什么事，我们没敢去看，也没晓得，但她逃跑回来后就有了你。大伯说你现在懂事了，我把这话告诉你也不要紧。这事你知道了就行了。

日本人进中国，杀人放火，无恶不作，突然你知道他们其中的一个就是自己的亲生父亲，你有什么感觉？当时，我真的很难受。

罗善学回家哭着问母亲韦绍兰，这是不是真的？母亲韦绍兰也不说话，只是掉眼泪。那一天，罗善学一下子明白了许多事情：为什么父亲罗讵贤给弟弟妹妹吃的是白米饭，给自己吃的都是红薯饭；为什么许多小孩会骂自己、打自己，都不愿意和自己一起玩；为什么一般大的孩子都会去上学读书，而他却要回家砍柴放牛……这些罗善学现在都明白了：这全是因为自己是个“日本鬼”。

罗善学觉得自己来到这个世界是个错误。从此，罗善学变得更加孤僻，难以与人相处，他成天往山上跑，不愿到有人的地方去，见到人会躲，紧张、害怕。那时，小小的罗善学就想到过死。

一次，罗善学在山上挖了断肠草吃，想要自杀。可是他没有死成。吃了断肠草后，罗善学不仅没有死掉，而且奇怪的是他身上原来的好几种病倒是神奇地好了。这让罗善学又觉得，自己是不是还不该死？于是他就想既然还不该死，那么就好好活着，再难再苦，也要活下去。

韦绍兰：

看到他被人看不起，抬不起头，心里也难过。有什么办法呢？自己受了那么多委屈，还没完，还要在下一代身上继续。

罗善学：

我没有结过婚，谁会和我结婚呢？我早想到了的，我这种人天生是个单身汉的命。

正在做饭的韦绍兰。韦绍兰，生于1921年，广西桂林荔浦县新坪镇人。1944年冬，24岁的韦绍兰怀抱不满周岁的女儿被日军抓走，成为慰安妇。在日军军营中遭受三个多月的性蹂躏，怀孕后，逃出日军军营，逃回家后女儿死亡。1945年韦绍兰早产下一男婴。

小时候，父亲（罗讵贤）对弟弟妹妹好，对我不好，比方讲，他去赶圩买了梨子回来，弟弟妹妹得到的多一点，我得到的就少一点。当时我也会很难过，那时小。现在想想，这也没什么，当时我大点，弟弟妹妹小点，他们多吃点也是应该的。我父亲他早就去世了，我现在不计较这个事了。

我妈妈对我和我的弟弟妹妹一样，始终没得什么高低。现在，在村子里，比我年轻的人喊我“日本爹”、“日本爷”，喊就喊了，我也习惯了。小的时候，我不习惯，那时我恨妈妈，恨她为什么要把我生下来，让我受这么多罪。这样的想法一直有几十年，这些年才没有。那时，我心里恨妈妈，又可怜她。

韦绍兰的丈夫罗讵贤，1986年因病去世，去世时68岁。韦绍兰有4个孩子：老大是罗善学、老二罗善英（女）、老三罗东秀（女）、老四罗善平。罗讵贤去世后，韦绍兰就和罗善学相依为命，由于罗善学和弟弟妹妹的感情比较疏远，所以韦绍兰平时只跟罗善英家还有些来往。

罗善英对罗善学这个哥哥的感情比较复杂。罗善英说："说和他没有感情嘛，毕竟做兄弟姐妹这么多年。他这个人，心疼他也不好，不心疼他也不好，他的脾气很古怪。其实几十年来他这个事情，一直在这个家庭里像个阴影一样，就没有散掉过。"

64岁的罗善学如今靠种些粮食养些鸡鸭维持他和母亲的生活，经济非常拮据。罗善英一家曾经提出帮着他料理耕地，给他资助，但罗善学没有接受。

自从韦绍兰和罗善学在媒体上公开了他们的经历和身世后，母子俩的境遇开始有所好转。村里人的同情和理解也代替了原本的歧视。2007年7月，韦绍兰已正式委托律师，以中国民间对日索赔的名义申请向日本政府索赔。

就在韦绍兰讲出了自己的那段历史后不久，广西荔浦县新坪镇广福村城里屯85岁的何玉珍，也公开了自己的慰安妇身份。

何玉珍23岁时被日本人抓去。当时，她是在到新坪买油盐的路上被抓走的。她被日本人抓走后，家人并不知道。何玉珍当时有个2岁的儿子，她被抓走后，儿子被饿死。她的丈夫去找她，结果也被日本人抓走，后来一直生死不明。

何玉珍被日本人抓去了4个月，关在杜木镇。当时，那里有一两百日本人。

何玉珍是自己从慰安所里逃出来的。从慰安所到家里只有5公里的距离，但她回家用了一个星期的时间。一路上，何玉珍在山岭上、草坡里，到处躲，到处藏。白天不敢动，晚上摸黑走，路上也没有东西吃。由于何玉珍当时是在新坪被抓走的，所以日本人并不知道她的家在哪里，也就没有到她家里去找。

由于丈夫被日本人抓走后一直没有回来，1949年，何玉珍又嫁给了同村的龙显兵。何玉珍嫁给龙显兵后一直没有生育孩子，后来夫妻俩从龙显兵弟弟家过继了一个男孩。男孩名叫龙祖贵。龙祖贵今年62岁。

何玉珍第二任丈夫龙显兵于40多年前去世。龙显兵生前一直不知道何玉珍被日本人抓去做过慰安妇这件事。

何玉珍家和韦绍兰家相距约20里地。

（本章采访于2007年）

第 30 章

“1 号”

2007 年 4 月的一天中午，江苏省如皋市白蒲镇杨家园村的一户村民家门前，几个村民正在闲聊。刚才邮递员将一份当日的报纸投送了过来，现在他们聊的正是报纸上的一则新闻。

就在离这群聊天的人不远的地方，还坐着一位老人，她是这户村民的邻居周粉英。周粉英今年 90 岁了，她满头的白发被一丝不苟地拢在脑后，微微地扬着下巴，闭着双眼，似乎在听着不远处那几个人的谈话。因为双目失明好多年，这使得周粉英老人的听力变得特别灵敏。就在刚才，那几个人在谈话中说到了一个词，无意中听到这个词的周粉英不由得浑身突然一震，于是她就稍稍侧耳更专心地去听。

没错，就是这个词：慰安妇。

周粉英不由得紧张起来，她双手抓住躺椅的扶手，一下子将身子坐直了起来。

“伟勋，你们在谈什么？”周粉英叫了起来。

伟勋是她的儿子，他也正在那几个聊天的人中间。

“今天报纸上的新闻说，有个‘慰安妇’去世了！”姜伟勋回答母亲。

“谁去世啦？”周粉英追问着儿子，但不等儿子回答，她就又催促儿子：“快把这条新闻念给我听听。”

姜伟勋已经是个60多岁的人了，但他一直都是个非常孝顺的儿子。周粉英有过两次婚姻，姜伟勋是她在前夫去世后与第二任丈夫生下的独子。姜伟勋的父亲也死得很早，是寡母周粉英一个人一手将他抚养成人。

姜伟勋拿着报纸朝母亲周粉英走了过来，到了周粉英的面前时，他翻开报纸，将那则新闻念给母亲听：“南京唯一的一位公开承认自己是‘慰安妇’的受害者雷桂英，在突发脑溢血入院3天后，昨天下午3点12分在江苏省中医院去世，终年79岁……‘慰安妇’活着的越来越少，雷桂英本身就是一个控诉日军暴行的铁证……雷桂英的去世也意味着南京唯一的‘慰安妇’活证人的消逝，有消息表明南京及其他地区目前仍然有一些当年有‘慰安妇’经历的老人健在，但她们在接受专家调查时不愿公开自己的身份……”

念到这里，姜伟勋突然发现母亲周粉英双拳攥紧，浑身在颤栗……他以为母亲这是旧病发作，就连忙把手里的报纸放下，将母亲抱到屋里的床上，让她躺着。

过了一段时间后，周粉英平复了下来，她用那双已经无法睁开的眼睛盯着坐在床前的儿子好一阵子，然后说：

“伟勋，妈妈也是个‘慰安妇’啊。”

从2007年5月上旬起，周粉英催促儿子姜伟勋一面向如皋市司法局、如皋市妇联、南京大屠杀史研究会等部门公开她的慰安妇身份，一面开始为她的慰安妇身份取证。

“先去镇上，找到当年的‘中兴旅社’，那就是鬼子作恶的地方。”周粉英告诉儿子说。姜伟勋租来一辆三轮车，拖着母亲首先来到了白蒲镇。

光这几年白蒲镇就已经发生了翻天覆地的变化，而要找到70年前的一处旧址，难度可想而知。母子俩在白蒲镇的小街老巷里四处打听。“中兴旅社”会在哪里？一天，家住蒲西村31组的79岁的程老骞老人听说有个曾被日本人欺侮过的妇女正在寻找当年慰安所旧址，于是他就主动来找到周粉英母子，他说他小时候曾去过那里，知道那个地方。姜伟勋背着母亲，在程老骞老人的带领下，沿着弯曲狭窄的小巷走着。在一处青砖院墙旁程

周粉英，生于1920年，江苏省如皋县白蒲镇人。1938年春，日军侵占江苏如皋后不久，随即建立了慰安所，他们在当地四处强掳妇女充当慰安妇。当时，刚刚结婚不久的周粉英和20多个姑娘一起，被日军抓走，成为慰安妇。在慰安所里，周粉英每日哭泣，得了眼疾，后来双目失明。

老骞老人停了下来，他指着“史家巷 1 号”门牌说：“这个地方就是原来的‘中兴旅社’，日本人当年就是在这里设的慰安所，后来慰安所拆掉了建成现在的房子。”

家住附近的 87 岁徐家珍也证明：“日军闯入白蒲时，我刚满 17 岁。我家就紧靠着慰安所，父母将我藏在家中，我不敢迈出门槛半步。”一位叫邓成湾的老人回忆：当年日军在白蒲时，他还年幼，他曾和家人将稻草送到这里的慰安所，这些稻草鬼子是用来烧饭取暖的，他说他记得慰安所有十来间房子，每间房子都有一张木床……

多位证人证明了当年日军慰安所的存在，以及所在地，他们还在证言上摁下了自己的手印。

慰安所找到了，那么谁又能来为自己证明她在“慰安所”里当过慰安妇呢？周粉英必须要继续寻找。

自己被日军抓走时，是光天化日，当时有许多人都看见了，这些人里有老人有年轻人，也有孩子，这些人中一定还有人活着。周粉英与儿子姜伟勋继续在白蒲镇的大街小巷里向人们讲述发生在 70 年前的往事，向人们探问是否知道有人还记得这件事情。但很多天下来，仍然毫无线索。一天，就在周粉英与姜伟勋毫无头绪一筹莫展时，那位蹬着三轮车沿街叫卖豆制品的农民，又出现在了巷子里，他身上背着的小型扩音喇叭里反复播放着叫卖声，这叫卖声吸引来了许多人围在他的摊点边……姜伟勋从这位卖豆制品的农民这儿得到了启发，他向卖豆制品的农民打听来了卖小型扩音喇叭的地点，然后就去买。从此，白蒲镇的大街小巷里又多了一个声音：“寻找 69 年前日军抓捕‘慰安妇’目击证人。”

终于，周粉英等到了那个人——当年那场不幸的目击证人，82 岁的严锦春。

“我原来是周大姐的邻居，当年，我亲眼看见鬼子抓走了周大姐和她的小姑子……”69 年前的那一幕，严锦春老人至今历历在目……

1938 年 3 月 18 日，日军 5000 多人在飞机掩护下，由南通姚港登陆，如皋沦陷。次日，日军占领白蒲、丁堰、林梓一带，几乎就在占领的同时，日军即在这些占领区设立了慰安所。

“快跑啊，鬼子抓人啦。”1938年农历二月二十二（1938年3月23日）一早，忽然许多村里人一边这样高声叫着，一边朝着村外跑。周粉英听到了叫声，便也急忙从家里跑出来，这时她看见一群日本兵在白蒲镇一个外号叫“引猴”汉奸的带领下，已经到了村里。周粉英急忙转身进屋拉起小姑子就往外跑，但这时日本兵已经近在眼前，她们根本逃不远，两人东躲西藏，最后一头钻进了一间邻家屋，邻家的屋里只有一盘石磨，也没有藏身之处，而这时日本兵马上就要堵到门口了，在无处可逃的情况下，周粉英只好拉着小姑子缩身躲在了磨盘下。汉奸鬼子挨家挨户搜查，一个鬼子在那户农家门前发现了一只女人的布鞋，这是周粉英小姑子在匆忙中落下的，鬼子拿着鞋进了屋内。当鬼子揭开磨盘的那一瞬间，周粉英与小姑子浑身颤抖，紧紧抱在一起。

这一天是周粉英永远都无法忘记的日子。

鬼子把周粉英与小姑子从磨盘下揪了出来，然后用麻绳绑好捆扎在独轮车上。像拉牲口一样，周粉英和小姑子被拉进慰安所。周粉英当时21岁，小姑子17岁。

进了慰安所，周粉英发现慰安所里这时已经关了20多个姑娘。慰安所有10多间房，每间房里摆着几张床。姑娘们被分派在不同的房间里。鬼子提着裤子进进出出。

日本人将抓来的姑娘逐一编号，每次奸淫时只喊编号不叫名字。因周粉英长得最漂亮，被编为“1号”。因此，她被糟蹋蹂躏的次数也最多，每天被强迫接待四五个日本人，多时十几人。因为不从，鬼子曾用刺刀对着她的脖子。

到周粉英离开时，慰安所里的姑娘已经达到了48人。

周粉英离开慰安所是在1938年的端午节过后，当时白蒲镇上有个当官的，因为喜欢周粉英美貌，便花一大笔钱将她从慰安所赎了出来，准备纳她为妾。但周粉英誓死不从。

周粉英与丈夫倪金成的感情一直很好，她5岁时到倪家做童养媳，19岁与倪金成正式结为夫妻。周粉英遭受如此的侮辱蹂躏，让丈夫倪金成对日本鬼子恨之入骨。

周粉英一家四代5口人，她随儿子、孙子、孙媳、曾孙女一起生活。

1941年4月，当新四军路过白蒲镇时，倪金成便参了军，成为著名的“老一团”的一名战士。当年7月，在泰兴古溪与日军的一场战斗中，倪金成打完最后一发子弹后和日军白刃相搏，最终倒在了日军的刺刀下（全国解放后，倪金成被泰州行署认定为革命烈士）。

2007年5月，经江苏省社会科学院历史研究所和南京大屠杀史研究会的有关专家调查核实确认：日军在白蒲镇设立慰安所，周粉英是日军慰安妇制度的一名受害者。周粉英老人成为继雷桂英之后江苏公开慰安妇身份的唯一仍活着的证人。

2007年7月7日，抗日战争爆发70周年纪念日这天，周粉英在南京见到了另一位与她一样有过慰安妇经历的老人——广西桂林的韦绍兰。在与韦绍兰见面后，周粉英曾详细询问了韦绍兰当年的受害情况，当韦绍兰告诉她自己被日军拍过裸体照，还受到过其他非人的屈辱时，周粉英说她

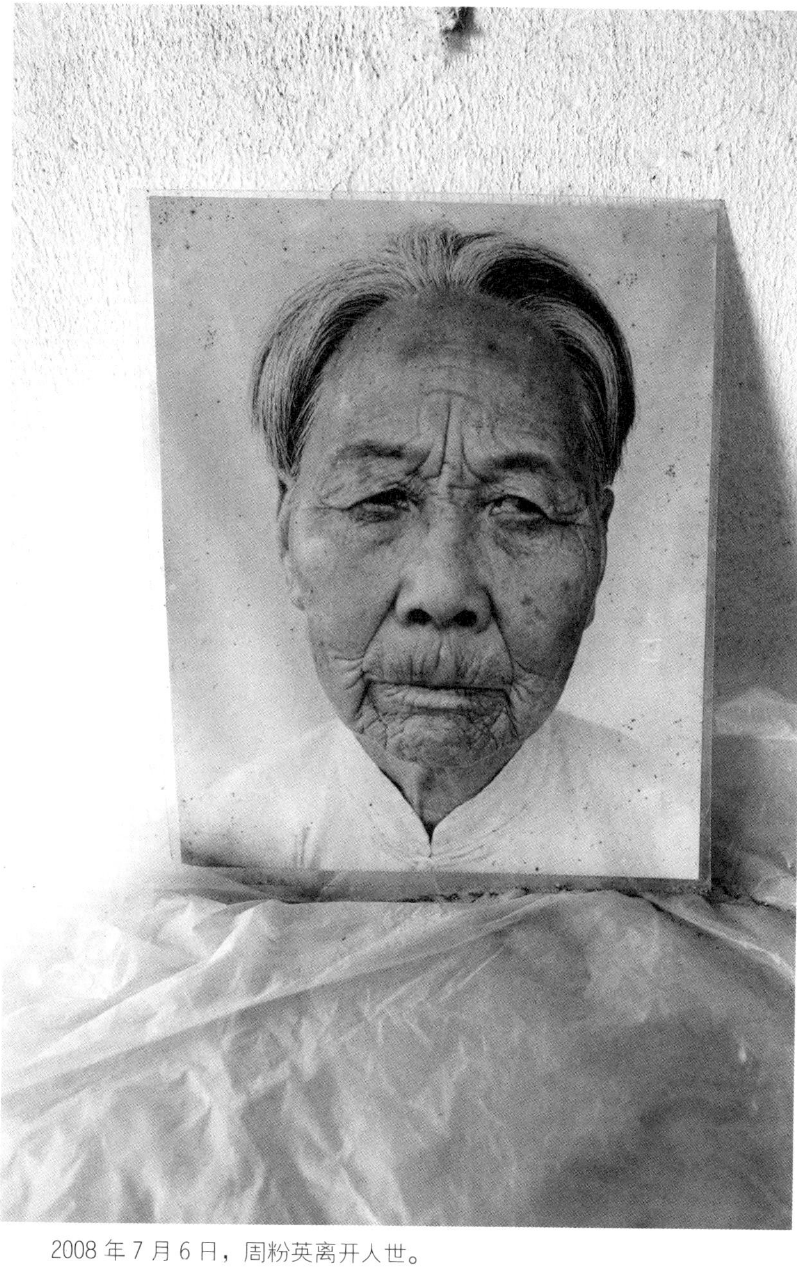

2008年7月6日，周粉英离开人世。

也曾遭受过同样的侮辱。

2008 年 6 月上旬，此刻距周粉英离开这个世界还只剩下一个月的时间，她正式向中国慰安妇问题研究中心提出申请，委托中国慰安妇问题研究中心法律顾问接手她的对日索赔诉讼，并从法律意义上授权她的后人今后可以代表她进行申诉的权利……

2008 年 7 月 6 日上午，周粉英在家中悄然离世。

（本章采访于 2007 年、2008 年）

第 31 章
她把一切都埋进了坟墓

临终前，人们问朴来顺，将来是不是要把自己的骨灰捎回出生地韩国。朴来顺说不用了，埋在毛弄就行了。毛弄是解放后当地政府安排朴来顺工作的地方，离县城 5 公里远。朴来顺说自己在毛弄劳动生活了这么多年，舍不得离开那里。朴来顺死后，人们遵照她的嘱托，把她埋在了毛弄。在毛弄，我找到了朴来顺当年的同事，他带着我去看朴来顺的坟墓。朴来顺的坟墓就在毛弄公路养护工区后面的一片小树林里。树林里长满了齐腰深的杂草，茂盛的杂草遮盖住了一切。朴来顺当年的同事拿着一把长长的砍刀，他走在前面，用砍刀在杂草丛中开道。

第一次进去我们没有找到朴来顺的坟墓。第二次进去，在清除了大片的杂草后，我们终于看到了被野草和藤蔓包裹缠绕着的墓碑。墓碑上用汉字刻着朴来顺的名字……

树丛里透不过一丝风。汗水将衣服紧紧地贴在皮肤上。站在朴来顺的墓前可以看到她当年工作和生活的毛弄公路养护工区的房屋。

朴来顺当年居住的那一间小屋还在，房间的窗上爬满了藤蔓。朴来顺就在这里一个人度过了自己生命中最幸福的那段时光。藤蔓从窗外钻进屋来，在屋子昏暗的空间里四处蔓延伸展。南方的风黏稠而富营养，植物似

朴来顺的档案袋里一张因遭水浸而变得模糊不清的照片。朴来顺生于1916年，韩国庆尚南道咸安郡内谷里人。1941年2月被骗至中国抚顺日本兵营当慰安妇，1942年1月被日军抽调南下海南，1945年8月日本战败后，留在中国生活，1996年逝于海南岛。朴来顺的这张模糊不清的照片，就像她的人生，或者就像那段历史，给我们留下了许多疑问，并且永远无法得以看清。

乎可以在空气中扎下根。

在知道自己将不久于人世时，朴来顺让人请来了一位裁缝，她指导着裁缝为自己做了一套朝鲜族传统样式的衣服，她就是穿着这套衣服，口中念着她爸爸、妈妈、哥哥、姐姐、妹妹的名字，慢慢闭上眼睛的。

在临终前，老人将她生前所有的东西全部封存在一个跟了她一生的铁皮箱子中。在她死后，这个箱子和她的骨灰一起埋进了坟墓里。据说，朴来顺在这个世界上留下的唯一的一样东西，是她的一张照片，她把这张照片交给了自己最好的一位朋友，并叮嘱朋友好好保留。这张照片是她年轻时拍的。在埋葬了所有的一切后，她为什么要留下这一张照片？这又是一张什么样的照片？

从保亭到海口，从海口再到保亭，从保亭县公路管理所的职工档案室，到海南省文史馆，我查阅了所有能找到的与朴来顺相关的资料，访遍了朴来顺活着时几乎所有的朋友。在经过很长一段时间的追寻后，朴来顺在我面前开始变得越来越清晰了，那张照片最终也被我找到。

照片中，年轻的朴来顺穿着一件白色的裙子，那双充满迷茫和忧伤的眼睛静静地看着我。这是一个美丽的少女的朴来顺，忧伤掩不去她生命的青春的光芒……这时我似乎有些明白，老人为什么叮嘱朋友要好好保留它，老人留下这张照片也许有许多理由，但其中一定有一条是出于对自己青春的怜惜——虽然她已被践踏，但她本该是如此美丽。

据保亭县文史工作者张应勇说，1994 年国庆前夕，他到保亭县医院病房探望朴来顺。当时她正躺在病床上输液，县公路工区派了一位青年女工守在病床旁照料她。这时老人的生命之火已经行将熄灭。那次在张应勇的恳求下，朴来顺终于说出了自己那段屈辱往事。张应勇说永远忘不了老人在开口前的表情：沉默良久，已经枯涸的眼中一下子又充满了泪水。

以下是朴来顺老人当年的谈话记录。

朴来顺：

我看来活在人世也不会很长时间了，本不想再提那些往事的，但想想我快死了，再不说怕没有机会说了。

我是韩国庆尚南道咸安郡内谷里人，我的父亲朴命万，母亲宋崔引，都是老实的农民。父母养了我们 9 个兄妹，大哥朴恩植，二哥朴乙植，大姐朴任顺，二姐朴乙顺，他们也都是农民，现在是否还健在，我不清楚。我是老五，下面还有弟弟朴寿富、朴基英，妹妹朴其顺、朴次顺，现在他们也都是 50 岁以上的人了。

1940 年（昭和 15 年），日本军队已经对中国发动大规模的侵略战争。这年下半年，日本人在我家乡征兵，我的恋人姓崔，他也被征去中国战场，但不知他在中国的什么地方，在哪支部队。

第二年（昭和 16 年）2 月，日本人在我们家乡征集年轻妇女，组织“战地后勤服务队”。征集人是一位姓李的朝鲜人，他到处宣传说，这是支援大东亚圣战，妇女在那边只做饭、洗衣、护理伤病员，每月除吃用以外，还有工资，有钱寄回养家……

我们家乡不少妇女，小的才16岁，大的30来岁，被征到“战地后勤服务队”了。

我当时25岁，两个姐姐已经出嫁，家中人口多，生活困难，既然参加“服务队”能挣点钱养家，我当然愿意。另外，因为我的恋人在中国战场，当时我不知道中国有多大，认为去中国也许能和他相会呢。

父母开始不同意，后来经姓李的多次花言巧语劝说，老人也就不阻拦了。

我们这支战地后勤服务队前往中国时，同乘一辆车的有30来人，我们朴姓姐妹就有4人。记不清坐了多长时间的汽车，又坐火车，有一天终于到了中国抚顺的日本兵营。

他们不让我们住在兵营里，而安置在离兵营不远的一座有围墙的大院里。进了院子才看到，这里已经来了不少年轻姐妹，约200多人。

两天后进行编队。我所在的队约50人，有日本人、朝鲜人和韩国人。编队后第二天，崔管事就发给我们统一式样的上面写着编号的衣服，叫我们洗澡后换上，说要进行体格检查。

崔管事把我们领到大厅里，叫我们排好队。不久来了一位穿白大褂的中年日本女人，她后面跟着五六个彪形大汉。怎么给女孩子检查身体让这些男人也来参加？姐妹们议论纷纷。这时崔管事板起脸大声叫“安静”，姐妹们被吓得不敢出声。日本女人瞪着眼扫了我们一遍，然后恶狠狠地说：这次体格检查是为大东亚圣战、为皇军服务的，你们要有牺牲精神。接着她命令大家就地脱光衣服，不许乱说乱动。女孩子害羞，大家都不想在男人面前脱光衣服，我们就没有按她的指令脱衣服，而是站在那不动，但心里紧张极了。日本女人见没人动作，很恼火，指着前排一个小妹叫她出列，站到前面，逼她先脱衣服。小妹站着不动，看上去她只有十七八岁的样子。日本女人向身旁的大汉一挥手，两个大汉恶狼似的冲上来，按住小妹，把她身上的衣服剥得精光，又把她按在地板上，当着大家的面，强奸她。小妹又哭又喊，一边被强奸，一边挨打，脸都被打肿了，她躺在地板上一动也不动，眼泪往下淌。这个情景让所有人都呆了，大家害怕得哭了起来。

日本人继续命令大家脱光衣服，接受检查。这下大家就都不得不开始脱衣服了。日本女人把每个姐妹转来转去查看，上下摸，到处捏。有的姐妹忍不住

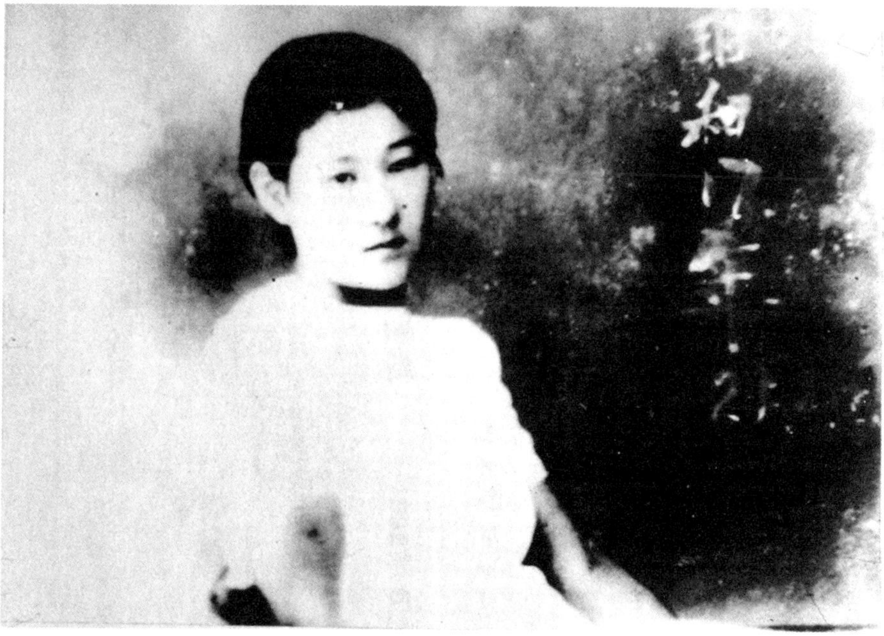

1942 年（昭和 17 年）1 月底，朴来顺被抽出抚顺市“战地后勤服务队”，乘日本军舰南下。这年 2 月 23 日抵达海南岛的海口市。第二天，她到一家日本人开的照相馆里拍了这张照片。当时她 26 岁。这张照片朴来顺一直收藏着，直到她去世。

哭了起来，日本女人就恶狠狠地打她们的嘴巴。好多姐妹只好一边偷偷流眼泪，一边忍气吞声任他们摆弄。

我原以为通过体格检查后，姐妹们便去干煮饭、洗衣服这样的工作了。哪里料到，就在当天晚上，院子外面来了很多日本军人。崔管事在门口忙着卖票，两元日币一张。买了票的军人进入院子，按票上的号，对号将我们拉到床上施暴。

这时候，屋里哭声、骂声、笑声乱成一片。有几个姐妹坚决不从，极力反抗，结果被打得死去活来。

这一天是昭和 16 年（1941 年）3 月 16 日，是我终生难忘的日子。

从我被破身的那天起，就成为日本军人的慰安妇了，天天都要接待日本军人，少时一天有三四人，多时十多人。日本军人根本不把我们当人看待，只把

朝鮮民主主义人民共和國
平安南道青山郡
龍德里七三四號
石永燦

朴来顺当年写的家信。

我们当成发泄工具。这种生活谁都受不了，想逃又不知逃往哪里，加上日本人看管很严，也很难有机会。

我曾经想到过死，但一想起家中亲人，想到来中国还没有见到自己的恋人，就打消了死的念头，忍辱活了下来。

昭和 17 年（1942 年）1 月底，那年我 26 岁，被抽出抚顺市“战地后勤服务队”，乘日本军舰离开抚顺南下。同行的有台湾地区和朝鲜、菲律宾的姐妹共 28 个人，和我一起从家乡来的只有一位姓朴的小妹，她才 20 岁。不知道日本人要送我们去什么地方，只听说路途遥远。

我幻想着到那边或许能见到自己的恋人，所以心情还算是好的。在军舰上日本人不让我们闲着，逼我们日夜不停地接待舰上的水兵。这年 2 月 23 日，抵达海南岛的海口市。住在海口市中山路，在海口钟楼右侧，具体门牌、店铺记不清了，那个地方就在日军司令部附近。第二天，我到日本人开的照相馆里照了一张相，直到现在我还保存着。

我在海口市将近一年，同我一起在慰安所的有台湾妹仔和菲律宾妹仔。我们被逼在日军司令部附近的驻地慰安所接待军人。晚上接客，白天也接客，当然晚上客来得多，来的都是日本军人，其他人是不准到这里来的。除此之外，我们每个月都要轮流一次外出到较远的日军兵营去“慰问”，每批有10个或10多个姐妹。

每次到兵营的两三天中，接客更多，有时不到一小时就要接待一个军人，连来月经时也要接客。由于不停的性交，姐妹们个个都面黄肌瘦，不少人病倒在床上，不能动弹。但只要稍有好转，日本人马上就强迫姐妹们再去接客。

慰安所定期给我们检查身体，打针吃药。有的妹仔染上性病，下身溃烂臭气难闻，这时她的床位挂上红色的牌子，日本军士才不敢靠近。但有不少姐妹，得不到应有的治疗，造成终身残疾。

昭和18年（1943年）1月，日军用军车把我送到海南岛南端的三亚市，住进红沙墟旁边的欧家园慰安所。这个慰安所是日本军队强征民工盖起来的，里面共住有52个姐妹，台湾女人和朝鲜女人各占一半，而日本女人则安置在三亚市内的慰安所里。在这里我们过着以泪洗面的生活，遇到性格粗暴的日本军人，动作稍微慢了点就会遭到拳打脚踢，接待这种人只好随他摆布，搞得你死去活来，也不敢得罪他。偶而也会遇上一个良心没死的日本军人，他玩得开心，事后还会悄悄给你塞上10元钱，或更多一点日币。

我来三亚不到两个月，就患上了疟疾，时冷时热，非常难受，但是照样还得接客。幸好慰安所管事泉井君对我较好，在我床上挂上红牌，我才得到休息和医治。我真感谢他暗中保护我。

可是不久，经体格检查，发现我得的不是性病，泉井君被调走了，从此再也见不到他了。后来，调来一个姓金的朝鲜人当管事，我从他那里了解到恋人的消息。金管事与我的恋人来中国后同在一个部队，一起在华北地区跟中国军队作战，金管事告诉我，我的恋人到中国还不到三个月就战死了。我听到这个消息哭了几天几夜，后来大病一场。大病还没痊愈，日军就又强迫我接客。如此残酷的折磨，不死算我命大了。

1945年8月，日本国战败，日本兵一批批地撤离海南岛。我当时身体已经很虚弱，日本人就弃下我们不管了。个别生病体弱的台湾地区的劳役兵和朝鲜劳役兵也被丢下了。

就在那个混乱的时候，我结识了一位名叫石建顺的朝鲜青年。

1948年，我和石建顺正式结婚，住在三亚市郊的荔枝沟。那时，每天我俩靠割草卖维持生活，虽然经济收入少，生活清苦，但能够像一个真正的人那样自由地生活，比起昔日在日本人慰安所中的日子，真是有着天壤之别。

我和石建顺共同生活了7年，虽然没有一儿半女（在慰安所时身体被搞坏了），但那段生活还是很美好的。

1955年，与我相依为命的石建顺病故了，扔下我一个人。

当地人民政府特别关怀我这个苦命的女人，在各个方面照顾我。1959年，人民政府安排我到保亭县公路工区当养路工。我住在离保亭县城6公里的道班宿舍。那些年里修路、养牛什么都干。中国政府对我这个外国女人非常关照，给我发了“外国人居住证”。公路工区的领导时常关心照顾我，问寒问暖，退休后我照样领到在职时的百分之百工资，还住进县城公路工区职工宿舍。当时宿舍紧张，有些职工甚至领导干部还没有房子住，却让我先住。每当患病时领导特别关心，派女工专门照料我。

“文化大革命”时我怎样了？还好。红卫兵知道我是外国人，对我还算客气，没有动我。

你问我想不想回韩国？我早就说过，我不想回去了。在韩国我只生活了25年，而在中国却生活了53年。中国政府和人民没有歧视我这样饱受屈辱的女人，大家像对亲姐妹一样对待我，我舍不得离开。再则我年老多病，工区领导连棺材也都为我准备好了。我也已经按中国人的习惯，准备了几套寿衣，我已无后顾之忧，死也无所谓了。

我只祈望以后再也不要发生那可怕的战争。这是我最后的心愿。

（本章采访于2002年）

后　记

就在完成这部书稿的调整时，又闻噩耗：2014年6月19日，日军“慰安妇”制度受害者邓玉民老人在海南省保亭县响水镇什齐村家中去世，她带着深深的遗憾以及对日本军国主义的怨恨走完了89岁的坎坷人生。邓玉民老人的逝去，意味着中国境内所有苗族的日军“慰安妇”制度受害者均已离世。

1943年秋天，正值花季的少女邓玉民和全村60多位苗族同胞被日军抓去做劳工，开始时她遭受日军军官和士兵的多次凌辱，之后，她就被强逼为日军的性奴隶，直到1945年8月日军投降。2001年7月，邓玉民和海南的另7位日军“慰安妇”制度的受害者正式向日本东京地方法院提出诉讼，要求日本政府公开认罪，向她们道歉，并给予赔偿。2006年8月，东京地方法院作出一审判决，驳回原告方诉求。2009年3月，东京高等法院二审判决虽然认定侵华日军二战期间在海南岛绑架、监禁和强暴妇女的事实，但仍驳回原告方诉求。

由于当年日军的迫害，邓玉民老人的身体一直不好，就在她去世前不久，还曾到医院住院治疗。据邓玉民家人说，在去医院的路上，她一直双手合十，默默祈求上天保佑自己度过这次劫难，让自己能够看到“日本道歉、赔偿的那一天”。但就像之前逝去的所有“慰安妇”老人一样，邓玉民抱憾而终。

这让我又想起了十多年前见她时的情景，就在我结束采访即将离去时，她盯着我问：

他们（日本政府）什么时候会向我道歉，给我赔偿？

此刻，她的这一句问话，在我耳边犹如雷鸣，这是她，她们，生命的呐喊！

就像时间，总有一天要将真相坦呈一样，掩耳盗铃者也终会明白其实自己盗得的只是天下人的鄙视。

在关于“慰安妇”的长时间的采访中，曾得到很多人的帮助。在海南采访时，保亭县原政协文史委员会主任张应勇先生、海南省政协文史资料委员会符和积先生，以及三亚市政协文史办公室江青武先生等都曾无私地给过我帮助，有的甚至还为我提供了他们个人多年的研究成果。在山西采访时，也得到了盂县西潘乡张双兵老师、李贵民先生等人的大力协助。在此我对他们一并表示深深的谢意！

也感谢每一位接受我采访的老人，以及她们的家人。

陈庆港，2014 年夏于杭州

图书在版编目（CIP）数据

历史的深处 ：二战日军中国慰安妇影像实录 / 陈庆港著. -- 北京 ：中国摄影出版社，2014.8
ISBN 978-7-5179-0147-1

Ⅰ. ①历… Ⅱ. ①陈… Ⅲ. ①军国主义－性犯罪－史料－日本－画册 Ⅳ. ①K313.46-64

中国版本图书馆CIP数据核字(2014)第175948号

历史的深处:二战日军中国慰安妇影像实录
作　　者：陈庆港
出 品 人：赵迎新
选题策划：高　扬
执行策划：杨小华
责任编辑：李亚坤　杨小华
封面设计：衣　钊
版式设计：潘家荣
出　　版：中国摄影出版社
地址：北京市东城区东四十二条48号 邮编：100007
发行部：010-65136125 65280977
网址：www.cpph.com
邮箱：distribution@cpph.com
印　　刷：北京印匠彩色印刷有限公司
开　　本：16开
印　　张：16
字　　数：200千字
版　　次：2014年8月第1版
印　　次：2014年8月第1次印刷
ISBN 978-7-5179-0147-1
定　　价：39.00元